49가지의 간증 수록

살아계심

49가지의 간증 수록

살아께섬

신바울

예수님이 이 세상에 모신 목적은 오직 하나, 지옥 가는 영혼을 살리는 전도에 있으셨습니다. 예수님을 만나 천국을 경험한 사람들 모두가 산 자의 땅에 호흡하는 이유 또한 전도에 있습니다. 그럼에도 오늘 우리는 전도에 대한 절대적 가치와 사명을 잊고 살아갑니다. 전도하기가 너무나 어려운 시대라고 아예 전도하기를 포기하고 있습니다. 이런 때에 주님께서 신바울 선교사님께 시대에 맞는 전도인 모바일 전도를 선물로 안겨 주셨습니다. 이 책에는 선교사님의 기름지고 진한 따끈따끈한 간증들이 소복하게 담겨 있습니다. 신바울 선교사님의 저서를 통해서 더 많은 분들이 전도자로 세워지기를 간구합니다. 책을 읽는 분들 모두가 선교사님처럼 뜨거운 영혼 구원의 열정이 살아나기를 축복합니다.

대전한밭제일교회 원로목사
장자권선교회 섬김이 이 영 환 목사

할렐루야.

살아계심 도서 출간을 축하드립니다. 책 간증이 49가지로 자신이 은혜받은 이야기를 다른 사람에게 전달하여 전도의 도구로 사용하려는 신바울 선교사님의 열정에 응원을 보냅니다. 이 책은 놀라운 간증의 이야기로 많은 사람들이 은혜가 될 줄을 믿고 추천합니다. 꼭 본인이 읽고 다른 사람에게 전달하시길 바랍니다. 그것이 전도입니다.

신바울 선교사는 복음을 전하는 IT 사역자입니다. 이 시대에 꼭 필요한 전도 방법을 전달하며 이 책과 함께 많은 이들에게 전도의 도전을 주고 동기부여가 될 수 있는 큰 은혜가 될 것입니다. 이 책으로 교회를 떠난 가나안 성도와 예수님을 모르는 많은 사람이 주님께 돌아오는 놀라운 사건들이 일어나길 주님의 이름으로 축복합니다.

대전중문침례교회 담임
장 경 동 목사

　신바울 선교사님은 이 시대에 꼭 필요한 플랫폼을 전달하고 있는 IT 사역자입니다. 그것은 이 시대에 맞는 복음의 전도입니다. 모바일 전도 사역을 통해 많은 교회를 다니며 복음을 전하고 있습니다. "살아계심" 저서를 통해 많은 성도님에게 도전과 전도의 동기부여를 강력히 줄 것으로 생각합니다.

　49가지의 하나님의 간증은 우리의 삶에 하나님을 자랑하고 성령의 은사를 통해 실천할 수 있도록 안내하는 책이라 추천합니다.

수원중앙침례교회 담임
고 명 진 목사

　평소 존경하는 신바울 선교사님 주옥같은 내용을 담아 저서를 출판하게 된 것을 참으로 기쁘게 생각합니다.

　본 저서는 선교사님의 49가지의 간증을 몸소 체험하고 겪은 일들을 기록하였는데 그리스도인이라면 반드시 읽고 살아계신 하나님을 만나는 은혜가 있기를 소망합니다.

기독교TV CTSN
대표이사 김 기 배

우리 교회에 출석하고 있는 신바울 선교사님은 전국을 다니며 바쁘게 전도 강의를 다니고 있습니다. 복음을 전하는 열정은 남 다른 은혜가 있기에 쉬지 않고 열심히 사명을 감당하는 것 같습니다. 이번에 첫 출간하는 살아계심 도서는 49가지의 간증을 담은 책입니다. 보기 드문 기독교 간증 책으로 성도들에게 강력히 추천하며 이 책을 읽은 성도분들이 비신자 분들에게 전도용으로 사용되길 소망합니다.

예수비전성결교회 담임
안 희 환 목사

신바울 선교사님은 제가 신학교에서 가르친 제자입니다. 지금은 많은 교회에 인터넷 미디어 사역을 통해 하나님께서 쓰시는 전문 사역자 입니다. 이번 책 출간을 축하하며 많은 성도에게 읽혀지기를 추천합니다.

순복음삼마교회 담임
이 일 성 목사

　신바울 선교사님의 전도 간증 책이 출판됨을 진심으로 축하드립니다. 신바울 선교사님과 함께 자녀교육 세미나를 하면서 느낀 것은 영혼에 대한 열정과 헌신이 얼마나 아름다우신지 많은 도전이 되었습니다. 특별히 어려운 개척교회, 미자립교회에 대한 애정 또한 각별하셔서 먼 거리 마다하지 않으시고 인원수 개의치 않으시고 최선을 다해 헌신하시는 모습을 곁에서 보면서 참 사역자라는 생각을 했습니다.

　이제 신바울 선교사님의 사역 여정과 전도에 대한 열정, 바로 주님께서 기뻐하시는 한 영혼을 주님께로 인도하는 전도의 경험담, 노하우를 고스란히 적은 이 책을 적극 추천드립니다. 여러분들의 신앙 여정에 영혼에 대한 사랑과 전도의 전략들을 배우게 되시리라 확신합니다.

　이 책을 통하여 많은 영혼들이 주님께로 돌아오는 날까지 많이 읽혀지기를 온 맘 다해 추천드립니다.

　　　　　　　　　　　　　　　꿈꾸는 엄마가 기적을 만든다 저자
　　　　　　　　　　　　　자녀교육세미나 강사　황 경 애 사모

신바울 선교사는 성도의 삶에서 가장 근본이 되는 것은 복음을 전하는 전도의 삶이라고 고백한다. 그는 체험을 통해 균형 잡힌 성경적 가르침을 일상의 삶에서 적용하면서 이 책을 썼다. 전도를 하지 않는 사람을 위한 조언과 전도하는 삶의 소중함을 49가지 자신이 간증을 통해 말하고 있다. 전도를 한다는 것이 얼마나 감사한 일인지 독자들도 느껴보시길 권한다. 이 책은 무엇보다도 성도들이 정독하여 읽게 되면 기존의 전도관이 바뀌게 한다.

만화로 읽는 천로역정 , 작은 나의 고백 저자
최 철 규 만화가

목차

PART **2**

복음의 능력으로 살아계심

목차

PART 3

기도의 능력으로 살아계심

PART **4**
....

사랑의 능력으로 살아계심

....

감사의 글

이 책이 세상에 나오도록 편집으로 수고해주신 임은묵 목사님께 감사드립니다. 매형이신 노창호님, 예수비전성결교회 안희환 목사님, 귀한 말씀으로 추천사를 써 주신 존경하는 목사님들, 동역자이며 삽화를 그려 준 만화가 최철규 집사님, 아직 예수님을 믿지 않지만 믿음의 반석을 하나씩 쌓고 있는 친구 서기탁에게 주님이 찾아와 주시길 간절히 소망하며 .항상 늘 사역을 하면서 아버지 역할과 남편으로 부족한 저에게 늘 힘이 되주는 아내와 딸 신다선에게도 책을 통해 사랑한다고 말을 전해 주고 싶습니다.

제가 기관사역자로서 지인이 매우 많은 관계로 일일이 감사하지 못함을 사과의 말씀으로 대신합니다. 사랑으로 너그럽게 이해해 주실 줄 믿습니다.

 1973년 6월, 저는 100만 명이 넘게 모인 여의도광장 전도집회에 참석한 어머니의 뱃속에서 빌리 그레이엄 목사님의 설교를 들었습니다. 어머니는 집회현장에서 뱃속에 있던 저를 두고 기도하던 중 여의도순복음교회 조용기 목사님처럼 되게 해달라고 하면 제가 목사가 될까 봐, '이 아이가 조용기 목사님보다 더 큰 일을 하는 사람이 되게 해주세요.'라고 기도했다고 합니다. 그 말이 그 말인데 잘 모르셨나 봅니다.

 그래서 저는 목사가 되었고, 현재 IT(Information Technology)를 통해 열방에 복음을 전하는 선교사의 꿈을 품고 사명을 감당하고 있습니다.

 저는 어머니가 빌리 그레이엄 목사님의 집회에서 서원했다는 이유로 어릴 적에 귀가 따가울 정도로 엄격한 신앙지도를 받았으면서 자랐습니다. 초등학교 때는 친구들과 어울리는 것을 좋아했고, 학교에서 육상 대표선수였을 정도로 명랑하고 활달했습니다. 어머니는 제 학교생활에는 그다지 관심을 두지 않았지만, 제가 교회 예배에 빠지거나 어설프게 다니면 그 자리에서 머리채를 잡거나 파리채로 때렸습니다. 때린 사람은 그 시절을 잘 기억하지 못하지만, 맞은 사람은 기억을 잘합니다.

저는 어머니가 다니던 교회 목사님의 아들과 한날한시에 태어났고, 유치원도 교회 안에 있는 유치원을 다녔습니다. 특이하게도, 저는 어린 시절부터 절이나 무속인들이 세워놓은 우상을 보면 거품을 물고 간질 현상을 보여서, 친할머니는 어린 저를 사찰에 데려가지 못했다고 합니다. 어린 시절에는 하나님의 보호하심 속에서 잘 자라고 늘 예수님이 저의 친구가 되어 주셨습니다.

그러나 사춘기였던 중학교 2학년 때 엉뚱한 생각을 했습니다. '나 같은 모태신앙인은 하나님이 살아 계신 것을 다 아는 데 굳이 일요일마다 재미없는 교회에 다닐 필요가 있을까? 믿음이 약한 사람들이 계속 교회를 다니면서 성화하는 것이지, 나처럼 교회를 오래 다녀서 믿음이 있는 사람은 이번 기회에 교회를 완전히 졸업하는 거야. 항상 마음으로 기도하면 되는 거지. 나는 하나님을 믿으니까!' 그러고는 교회에서 졸업 아닌 졸업을 했습니다.

제 안에 말씀이 없었기에 그때부터 20년 동안 교회에 다니지 않았습니다. 그때 우리 집은 음식점과 슈퍼마켓을 운영했기에 어머니는 항상 바쁘게 일하셨고, 저는 믿음의 길에서 벗어나 있었습니다. 어머니가 교회에 갔다 오라고 하면 오락실이나 만화방에 갔다 오고서 교회에 다녀왔다고 항상 거짓말했습니다.

고등학교에 들어가면서 한 가지 무서운 기도를 하게 되었습니다. 그것은 지금도 이해하기 어려운 일입니다. 마귀에게 나를 아들로 삼아달라는 것으로, 제가 마귀의 힘을 얻어 온갖 나쁜 짓을 하며 살아가게 해달라는 기도였습니다. 그 기도 때문인지, 마귀는 동네의 나쁜 친구들만 만나게 하므로 저를 비행 청소년이 되게 했고, 교회 밖을 떠도는 문제아로 만들어버렸습니다.

늘 착하고 집안일을 잘 도와주던 저는 부모님께 수시로 반항하며 동네 아이들과 나이트클럽을 다니면서 술과 담배를 하는 비행 청소년이 되었습니다. 마귀가 좋아하는 문란한 짓을 하고 더러운 죄를 저질렀습니다. 성인이 되어서는 돈과 명예에만 관심을 두었고, 죄를 지어도 깨닫지 못하는 마귀의 종으로 살았습니다. 귀신들은 제가 거룩한 자리에 가는 것을 방해하거나, 은혜를 받지 못하게 하려고 늘 저를 따라다니면서 미혹했고, 밤 문화를 좋아하는 죄인의 삶을 살도록 했습니다. 인생을 포기했고, 대책 없이 쾌락만 추구하다가 알코올 중독자가 되었습니다.

사업을 시작한 후 돈을 쉽게 벌면서 흥청망청 쓴 신용카드 빚이 억대가 되었습니다. 또한, 늦게 시작한 인터넷 사업이 잘 풀리지 않아 삶을 포기하려는 그 순간, 주님께서 생명의 말씀으로 다가오셨습니다. 하나님은 돌아온 탕자에게 기회를 주신 것처럼 저에게 다시 기회를 주시고 사랑으로 찾아오셨습니다. 하나님의 사랑을 받던 제가 사탄의 자식이 되게 해달라고 빌었지만, 하나님은 저를 버리지 않으셨습니다. 20년 동안 아버지 품과 교회를 떠났던 제가 돌아오자, 다시금 사랑으로 안아주셨습니다.

살아 계신 하나님은 은혜를 베풀어 제 삶을 변화시키셨고, 하나님의 능력을 부인하지 못할 정도로 저를 통해 많은 일을 행하셨습니다. 저는 하나님만 자랑하는 삶을 살게 되었고, 하나님의 살아 계심을 증거하기 위해 이 간증·전도용 책을 쓰게 되었습니다. 아무리 감사를 드려도, 그 큰 은혜에 보답할 길이 없습니다. 그래서 서른네 살에 예수님을 다시 영접한 후로 전도자의 삶을 살고 있습니다. 살아 계신 하나님과 늘 동행했고, 저를 통해 일하시는 성령님을 인격적으로 인정하고 영접했습니다.

그동안 헤아릴 수 없이 많은 사람에게 복음을 전했습니다. 4차 산업혁명이라 하는 이 시대에 많은 사람이 모바일을 통해 소통하는 공간에서 예수님을 전했고, 지역의 교회들을 세상에 알리는 일을 했습니다. 그러던 중 2019년 11월에 한국IT선교회를 설립하여 사역하고 있습니다. 인터넷으로 복음을 전하는 한국교회를 위해 지역 교회와 목회자 세미나, 신우회, 청소년 캠프 교사강습회 등 다양한 곳에서 모바일전도 강의를 통해 전도의 동기부여를 주고 있습니다. 어느 지역이든 찾아가서 작은 교회들을 섬기고 전도와 선교에 전력하고 있습니다. 그리고 이 책에 모바일전도의 내용을 수록하여 지금까지의 사역 이야기를 다루었습니다.

이 책은 어릴 적부터 지금의 사역에 이르기까지 경험한 살아 계신 하나님을 드러내고 있습니다. 재미있는 이야기가 많습니다. 하나님의 전능하심이 나타난 초자연적인 사건을 다룬 이야기도 있습니다. 교리와 신학을 다루기보다는, 하나님께 감사하는 마음을 기록했습니다. 수록된 마흔아홉 개의 간증 중에는 이미 페이스북과 여러 매체에도 소개된 것도 있습니다.

글을 쓰고 편집하고 출판하는 과정에서 안양 갈멜산기도원과 오산리기도원에 올라가 많은 기도를 드렸습니다. 고시원에서 이 책을 쓰는 중에 고시원에 계신 분들에게 전도했고, 58년 동안 한 번도 예배드린 적이 없던 고시원 총무님께서도 예수님을 영접했습니다.

이 책이 온전히 영혼들을 구원하는 데 사용되기를 기도합니다. 모든 영광은 주님께서 홀로 받으시기를 바랍니다. 오직 성령님의 도우심으로 많은 영혼이 인도되는 일이 일어날 줄 믿습니다.

신바울 선교사

PART 1

말씀의 능력으로
살아계심

01
5분 설교영상으로 하나님을 만남

　나는 모태신앙인이었지만, 사춘기가 시작되면서 어처구니 없는 생각으로 교회를 떠났다. 믿음이 확고하면, 교회를 졸업 하고 다니지 않아도 되는 줄 알았다. 교회를 계속 다니는 사 람들은 믿음이 부족해서 계속 다녀야 하고, 나는 태어날 때부 터 신앙인이고 예수님을 잘 믿으니까 더는 교회를 안 다녀도 되는 줄 알았기 때문이다. 때가 되면 교회도 졸업하는 것으로 알았다. 이런 어리석은 결단으로 20년이라는 세월 동안 교회 를 다니지 않고 세상 사람으로 살았다.

　당시 부모님은 갈비 음식점과 슈퍼마켓을 운영하며 하루하 루가 바빴기에 사춘기의 나에게는 관심을 둘 수 없었다. 그래 서 예민한 사춘기에 부모님의 간섭없이 고삐 풀린 망아지처럼 늘 밖으로 돌며 방황했다.

　스스로 교회를 졸업하기로 마음 먹은 다음 주일부터는 교회에 가지 않았다. 만화방과 오락실에 다니면서 점점 하나님 없는 삶을 살았다. 그렇게 교회를 멀리하면서 동네의 같은 또래 아이들과 놀다 보니 비행 청소년이 되어 술과 담배를 일찍 배웠다. 고등학교 시절에는 나이트클럽을 다니며 내 마음대로 살았다. 마귀의 종이 되어 세상을 쫓던 나는 20대 초반부터 유통영업을 하며 전국을 다녔고, 나중에는 중소 유통회사를 경영하게 되었다.

유통은 수익이 많이 나는 아주 괜찮은 사업이었다. 현금으로 돈을 벌고서 그 돈을 마음껏 썼다. 누구의 간섭없이 장돌뱅이처럼 전국을 떠돌아다녔다. 유흥업소에서 흥청망청 세월을 보내면서 하나님 없이 방황했다. 늘 잘되는 줄 알고 돈을 물 쓰듯 하다가 결국 신용카드 빚이 눈덩이처럼 불어나기 시작했다. 엄청난 신용카드 빚은 감당하지 못할 지경이 되었고, 독촉으로 고통받았다.

소망 없는 삶을 살던 중 우리 집도 장사가 잘 안되면서 음식점과 슈퍼마켓을 처분했고, 수입이 없어 살림이 어렵게 되었다. 아버지는 당뇨병 합병증까지 얻어서 막대한 병원비 때문에 생활이 더 어려워졌다. 그런 와중에 주인집이 경매에 넘어가서 전세 살던 우리 집은 전세금을 돌려받지 못할 처지까지 내몰리며 어려운 궁지에 몰렸다.

그러던 어느 날, 어머니는 하나님의 인도로 다니던 장로교회에서 여의도순복음교회로 등록했다. 그리고 교회에서 살다시피 하며 성경대학이라는 과정을 거치면서 양육훈련을 받고 믿음이 폭풍적으로 자라가셨다. 나는 그 당시 여의도순복음교회를 이단시하고 신비주의적 종교집단으로 생각했다. 대형교회를 목회하는 조용기 목사님을 헌금 강요하는 교주로 보고 있었다. 어머니가 이단·사이비에 들어간 줄 알고 다니지 말라고 윽박지르기도 했다.

나는 그렇게 여의도순복음교회를 정죄했고, 어머니를 심하게 핍박하면서 제발 정신 차리고 이단·사이비 단체에서 나오라고 말했다. 그러던 어느 날이었다. 거실에서 TV를 보고 있는데, 어머니가 조용기 목사님의 설교 동영상을 노트북으로 보여달라고 했다. 나는 여느 때처럼 어머니에게 제발 정신 차리라고 쓴소리를 했다. 하지만 어머니는 끈질기게 같은 요구를 하셨다. 할 수 없이 홈페이지에 들어가 조용기 목사님의 설교 동영상을 찾아서 어머니가 볼 수 있도록 했다. 어느 순간, 어머니는 설교 동영상을 보다 갑자기 화장실로 들어가셨다. 거실에서 TV를 보고 있는 나에게 방 안의 설교 소리가 자연스럽게 들어왔다. 5분 정도 흘렀을까, 나는 갑자기 자리에서 벌떡 일어났다. 그 말씀 하나하나에 심장이 요동을 쳤고, 짧은 순간 생각이 하나씩 정리되었다.

　'아, 목사님이 어떻게 내 모든 생각을 설교로 말해줄 수
　있는 거지?'

　믿어지지 않았다. 내 속을 모두 들여다본 것처럼 내 미래까지 설교로 말해주었다. 내가 평소에 생각하던 꿈과 소망까지 모두 알고 있는 것처럼 말하시는 것에 놀랐다.

　'저분은 하나님의 사람인가 보다. 아니, 저분이 하나님이
　아닌가?'

　나는 놀라고 또 믿을 수 없었는데 마음 또 다른 한 편에선 갑자기 무엇인가에 속은 것처럼 억울하고 손해를 본 것 같은 생각이 들었다.

　'그동안 내가 세상에 속았다.'

　나는 하나님의 살아계심을 느꼈다. 5분여 짧은 시간이었지만, 가슴이 뜨거워졌다. 그리고 그동안 눌려 있던 모든 것이 가벼워지고 마음이 평안해졌다. 나는 밖으로 뛰어나갔다. 세상을 보았는데 뭔가 다르게 보였다. 내가 그동안 착각한 것이었다. 그리곤 교회를 다시 다녀야 한다는 생각밖에 없었다. 그동안 어머니를 핍박하고 못살게 했다는 생각 때문에 말할 수 없이 미안하고 부끄러웠다. 어머니 몰래 그 주일 저녁에

예배를 드리러 여의도순복음교회에 갔다.

두 번째로 참석한 저녁예배가 끝나가는 데 옆에 있던 어떤 나이 든 성도가 저녁에 예배드리는 이유를 내게 물었다. 이 교회에 온 지 얼마 안 되어서 잘 모른다고 했더니, 청년들은 청년예배를 따로 드린다며 그 시간에 참석해보라고 했다. 나는 그다음 주일에 청년예배에 참석하고 새신자로 등록했다.

그리고 몇 개월 후에 오산리기도원의 금요성령대망회에서 하나님을 인격적으로 뜨겁게 만났다. 설교 전 찬송을 통해 하나님의 은혜가 생전 느껴본 적 없는 감동으로 임했다. 나는 대성통곡했다. 눈물이 폭포수처럼 흘러내렸다. 하나님은 내가 그동안 지은 죄를 영화 필름처럼 떠오르게 하셨다. 나는 진정한 회개를 통해 하나님을 뜨겁게 만났다.

20년 동안 세상을 좇으며 마귀의 종으로 살던 나는 5분여 짧은 시간을 통해 하나님의 살아계심을 경험했다. 예수님을 믿고 영접했어도 가정형편은 나아지지 않았다. 하지만 날마다 주님을 바라보자 나에게는 소망이 생겼고, 늘 하나님을 의지하는 새로운 삶이 시작되었다.

어머니가 설교 동영상을 보여달라고 했을 때 잠깐 들었던 설교의 내용은 사실 지금은 전혀 기억나지 않는다. 조용기 목사님이 나처럼 무지한 사람에게 설교로 설득하여 회심하게 한 것은 아니었다. 그 설교로 전한 하나님의 말씀은 내 영혼과 골수를 찌르는 예수 그리스도의 생명이었다. 할렐루야.

"하나님의 말씀은 살아있고 활력이 있어 좌우에 날선 어떤 검보다도 예리하여 혼과 영과 및 관절과 골수를 찔러 쪼개 기까지 하며 또 마음의 생각과 뜻을 판단하나니"(히 4:12)

02
사명자로 부르신 하나님

청년 시절 IT 사업에 뒤늦게 뛰어들면서 고생을 많이 했다. 방문 유통판매로 오랫동안 사업하던 중 시대의 흐름에 맞춰 시작한 인터넷 사업은 생각처럼 쉽지 않았다. 큰 수익도 없이 앞만 보고 하던 인터넷 사업은 나아질 기미가 보이지 않았다. 사업을 지탱할 자금이 없어서 점심을 먹지 못할 정도로 어려웠다.

어느 날, 일요일에도 사무실에 나와 업무를 보던 중 점심을 사 먹을 돈이 없어 잠깐 생각 끝에 주변에 있는 교회에 갔다. 그 교회에서 국수를 공짜로 준다는 말을 들었기 때문이다. 예배만 끝나면 국수를 먹을 수 있다는 기대에 재미없는 설교 1시간을 때우면 된다고 생각했다. 그런데 그날 목사님은 솔로몬 이야기를 재미있게 들려주셨다. 솔로몬은 1000마리의 짐승을 번제로 드린 후 꿈에서 하나님이 원하는 것이 있으면 말하라고 하신 것을 들었다. 그러자 그는 돈과 명예와 권력이 아니라, 백성을 잘 다스릴 지혜를 달라고 하여 하나님을 감동하게 했다. 결국, 그는 주변 국가들 가운데서 가장 큰 부와 명예를 얻었다. 나는 그 말씀에 감동받아서 나도 그런 기도를 한번 해보자는 생각을 했다. 당시 교회를 다니지 않던 내가 솔로몬의 지혜를 달라고 하면 하나님이 감동하셔서 응답하실 것으로 생각하곤 진심으로 기도했다.

"하나님, 사실 오늘 배고파서 국수 먹기 위해 교회에 왔습
니다. 정말 오랜만에 왔으니, 저도 솔로몬 왕처럼 지혜를
주세요."

이렇게 기도한 지 일주일이 지났을 때 응답을 받았다. 새롭게 아파트 홈페이지 사업을 구상하여 개발하게 되었고, 독자적인 아이템으로 인터넷 인터넷 온라인 광고 사업안을 만들어 높은 이익을 얻을 수 있었다. 그토록 고생하다가 성공을 눈앞에 두고 있을 때 하나님을 뜨겁게 만났다. 하나님의 모든 기적은 죄가 많은 곳에 임했다. 하나님의 기적 같은 구원으로 다시 교회를 다니게 되었고, 날마다 성령체험을 하며 눈으로 보아도 믿기 어려운 사건들을 통해 하나님의 살아계심을 경험했다.

어느 날, 작은 교회의 부흥회에 다녀온 가족과 친척들이 하는 이야기를 듣게 되었는데, 여자 목사님이 매주 인도하는 치유집회 이야기였다. 가만히 듣고 있다가, 나도 한번 가볼까 하는 심정으로 집회에 참석했다. 목사님이 설교하다가 갑자기 나를 보더니, 주님이 자기에게 말씀하셨다고 하면서 하나님이 나를 바울처럼 쓰기를 원하신다고 했다. 사실 나는 당시 초신자였기에 사도 바울이라는 사람을 자세히 알지 못했다. 그 목사님은 또한 나에게 신학교를 가야 한다고 했다.

나는 말도 안 되는 이야기라고 반발심이 일었다. 이제 사업이 잘되는 데 왜 신학교에 가야 하냐고 하며 다시는 그 교회에 오지 않으리라고 생각했다. 사실 신학교라는 말의 의미도 몰랐고, 신학교에서 무엇을 배우는지도 아는 것이 없었지만, 그 교회에 계속 다니면 안 될 것 같은 마음이 들었다. 학교라는 말만 들어도 일단 무조건 피하는 것이 상책이라고 생각한 것이다. 그 후 여의도순복음교회 광장에서 신학교 원서가 나를 따라오는 듯한 느낌이 들었다. 광장에서 신학교 신입생모집 홍보가 눈에 들어왔고, 가는 곳마다 사람들이 신학교 입학 신청서를 주었다.

성령님이 인도하시지 않았다면 그런 일이 일어날 수 없다고 생각했다. 그래서 일단 어머니에게 신학교 입학하는 문제를 상의하려고 했다. 어머니에게 신학교를 한번 다녀보려고 하는데 어떻겠냐고 어머니에게 물어보았다. 즉시 심한 욕을 먹고 면박을 당했다. 어머니는 나에게 '미친놈'이라고 했다. 그래도 아들에게 그런 말을 하면 되냐고 하자, 그동안 내가 방황하고 술 먹고 다니면서 정신을 못 차렸는데, 이제는 교회도 열심히 다니면서 장가도 가고 사업도 잘하여 집안을 일으켜야 하지 않겠냐고 하셨다. 듣고 보니 맞는 말이었다. 이제 내가 우리 집안을 일으켜야 했다. 그동안 너무 가난하게 살았고 생활 형편도 말이 아니었기 때문이었다.

나는 "그래도 어머니는 기도하시는 분이니 일주일간 신중히 기도해보고 다시 답변해 주세요. 그러면 어머니 말씀대로 순종할게요."라고 말했다. 일주일이 지난 후 어머니가 나를 부르더니 신학교 가는 문제를 두고 기도하다가 응답을 받았다고 하셨다. 하나님이 내가 어머니의 아들이 아니라, 하나님의 아들이고 주님의 종이라고 말씀하셨다고 했다. 그리고 나에게 목사가 되어야 한다고 하셨다.

어머니의 말은 들었지만, 나의 신앙을 가장 잘 알고 있던 스승이신 교회 청년담당 교구 전도사님에게도 물어보아야 한다는 마음이 들었다. 나는 그 전도사님이 청년 중에 신학을 하겠다고 찾아오는 이들에게 하지 말라고 반대하는 것을 많이 보았다. '내가 신학교에 들어가야 할지 물으면 당연히 반대하겠지. 전도사님에게 물어보자.' 이렇게 계속 기드온처럼 묻고 기도할 때 내가 신학교에 들어가는 것을 누군가 반대했으면 하는 생각이 들었다.

주일날 전도사님을 만나서 어떤 목사님이 나에게 신학교에 들어가라고 하는데 어떻게 하면 좋겠냐고 진지하게 물었다. 그랬더니 전도사님은 "그래 한번 해봐."라고 너무 짧게 대답했다. 그래도 나의 인생에 중요한 사안인데 너무 성의 없는 대답 같아서 마음이 서운했다. 그리고 당연히 다른 청년들에게처럼 반대해주어야 하는 데 주저하지 않고 해보라고 하시니, 한편으로는 이것을 순종해야 하는 게 아닌가 하는 생각이 들었다.

신학교 입학원서를 쓰고 시험을 보려면 성경에 대해 아는 것이 있어야 하는 데 나는 기초 지식이 없었다. '내가 신학을 할 수 있을까? 그리고 성경시험이 있다고 하던데, 아는 것이 없으니 당연히 떨어지겠지. 내 실력은 누구보다 내가 잘 안다. 영어시험도 있고, 성경시험도 있잖아. 성경시험은 보나마나 0점이나 20점 나오겠지.' 하고 속으로 웃으며 안심했다. 당연히 떨어지겠지 하는 편안한 마음으로 원서를 내고 면접을 보고 성경과 영어 등의 시험을 치렀다. 정말 아는 것이 하나도 없었는데, 혹시나 정말 0점이 나올까 봐 불안해서 모두 1번을 찍었다. 그리고 떨어지는 것은 당연하고, 그럴 리는 없겠지만, 만약 기적같이 붙으면 하나님이 인도하신다는 것을 부인하지 못할 일이니, 그때는 정말 순종할 생각이었다.

며칠 후 교무처장으로 일하는 목사님에게서 전화가 왔다. 그는 나에 대해 물었다. 원서에 대학도 나오고 교회 청년국에서 봉사도 하고 주식회사의 이사로 대기업과 협력해 인터넷 사업을 하는 것으로 적혀 있는데, 어찌 성경시험과 영어시험에 이런 점수가 나올 수 있는지 물었다. 그는 내가 문제를 풀 때 잘못해서 점수가 잘 안 나온 것인지 묻는 것 같았다. 내 점수는 학교설립 이래 최하였던 것 같다. 당연히 1번만 찍었으니, 그럴 수밖에 없었을 것이다. 그래서 나는 이렇게 말했다.

"교수님, 사실은 아는 것이 없어서 그냥 1번만 찍었습니다. 어떤 목사님이 제가 신학교에 가야 한다고 해서 추천받아 응시하게 되었습니다. 그럼 저는 학교 떨어진 거죠?"

나의 말에 교무처장 교수님은 일단 몇몇 교수와 이 문제를 놓고 상의한 후 연락하겠다고 했다. 그리고 며칠 후 다시 전화가 왔다. 시험에 합격시켜주는 대신 조건이 있다고 했다. 교수님은 내가 인터넷 전문가이니 학교 홈페이지를 관리해달라는 것이었다. 또 하나의 조건은 성적이 B 학점 이하가 나오면 제적하겠다는 것이었다. 그는 내가 이 조건에 동의하면 합격시켜준다고 했다. 제안을 받는 순간 나는 무의식적으로 "잘 알겠습니다. 열심히 하겠습니다." 하고 대답해버렸다.

결국, 이렇게 해서 늦은 나이에 신학교에 입학하게 되었다. 은혜받기 위해 참석했던 부흥회에서 어떤 목사님이 강단에서 선포한 대로 되어버렸다. 하나님의 말씀이 세상에 선포될 때는 사람을 통해 전달되기에 하나님이 쓰시려 하는 사역자는 광야를 지나야 모세처럼 쓰임 받고 바울처럼 위대한 사역자가 되는 것이다. 나같이 단순하고 무지하고 죄인으로 살았던 사람이 주님의 사역자로 거듭나자, 많은 사람 앞에 존귀하게 세움을 받았다.

나를 지금까지 종으로 사용해주신 하나님의 은혜는 갚을 길이 없다. 세상의 단물만 먹으려 하고 권력과 명예와 돈만 바라보던 나에게 하나님이 주신 은혜는 그 어떤 것보다 귀하다. 나는 이제 보배를 가진 질그릇이다. 하나님은 이 더럽고 추악한 자를 보배를 담은 질그릇으로 만들어주셨다. 하나님은 나를 이 땅에서 깨끗하게 사용하기를 원하셨다.

"우리가 이 보배를 질그릇에 가졌으니 이는 심히 큰 능력은 하나님께 있고 우리에게 있지 아니함을 알게 하려 함이라"(고후 4:7)

03

신학교 시절에 있었던 일이다. 내가 다닌 신학교에서는 방학 때마다 하계·동계 전도대회를 가야 했다. 영성 점수를 받아야 했기에, 하계·동계 전도대회에 안 가면 졸업이 안 되거나 계절 학기에 다른 무엇으로 점수를 받아야 졸업할 수가 있었다. 나는 신학교에 입학할 때 성경시험을 1번만 찍고 간신히 입학한 새신자였고, 주기도문만 외우는 수준이었다. 당시 신학교 동기 중에는 신앙생활을 오래 하다가 온 사람이나 구역장·지역장으로 수십 년 섬기다가 늦게 소명을 받고 온 사람이 많았다. 특히 세계에서 가장 큰 교회인 여의도순복음교회에서는 전도왕·구역장·지역장 등으로 섬긴 분들이 신학교에 들어오는 경우가 흔했다.

나는 부족한 것이 많아 1, 2학년 때는 학교에서 하는 봉사나 모임에서 리더를 해보지 못했다. 하지만 3학년이 되니, 거의 모든 사람이 한 번씩 돌아가면서 리더로 섬겼기에 더 이상 할 사람이 없어 나에게까지 차례가 왔다. 방학이 되자, 어쩔 수 없이 하계 전도대회의 조장을 맡게 되었다. 그래도 나는 조장이라는 직책이 부담되어 좀 빼 달라고 했지만, 할 사람은 다 했다기에 무조건 내가 해야 한다고 해서 결국 조장직을 수락할 수밖에 없었다.

보통 전도대회의 대상 교회는 교회를 설립한 지 얼마 안 되거나 성도가 많이 없는 미자립 교회였기에, 전도 대회는 그 교회에서 숙식하며 복음의 씨를 뿌리고 오는 훈련이었다. 신학생들에게 가장 부담되는 것은 예배위원을 맡는 것이었다. 조장은 거의 한 번씩은 설교하고 사회를 봐야 하며 대표기도도 해야 했다. 나같이 예배위원 경험이 없는 사람은 그 모든 것들이 무척이나 부담되었다. 조원들과 전도대회를 섬긴 지역은 대전지역에 있는 순복음 D교회였다. 일정대로 도착해서 전도를 시작했지만, 잘되지 않았다.

대전은 서울보다 어려운 도시였다. 많은 전도지를 나누어 줬는데 한 명도 교회에 찾아오지 않았다. 아이들 전도 프로그램으로 떡볶이를 준다고 주변 학원들에 다니면서 초대장을 나눠줬는데도 아무도 오지 않았다. 온다고 한 아이들은 많았지만, 정작 한 명도 오지 않았다.

　나는 내 기도가 부족했거나 아직 하나님의 사역자로서 그릇이 안 되었기에 그런 거 같아 크게 낙심했다. 눈에 보이는 열매 없이 일정대로 3박 4일의 마지막 밤을 남겨놓고 있었다. 다음 날이면 그곳을 떠나야 했다. 그날 저녁에도 신학생들이 주관하는 예배가 있었다. 그런데 교회의 담임 전도사님이 나에게 부탁이 있다고 했다. 부탁의 내용은 전도사님 남편(이하 사부님)이 20년 동안 방언을 받으려 해도 아직 방언을 못 한다는 것이었다. 방언을 못 하는 게 무슨 문제인가 했지만, 순복음 교인들은 대다수가 방언하기에 사부님은 남모르게 고민하다 보니 신앙생활까지 기복이 생긴다고 했다.

　사부님은 성령대망기도회를 열어서 자신이 방언을 받도록 기도해달라고 했다. 우리가 신학생인데 어떻게 그런 기도회를 할 수 있냐고 하며 못한다고 했다. 사실 나는 그때까지 기도회를 인도해본 경험이 없었다. 그래서 핑계를 대면서 못한다고 거절했다. 담임 전도사님은 조용기 목사님의 제자들이 못한다고 하면 나중에 사역할 때 무슨 능력이 나타나겠냐고 나에게 계속 요청하셨다. 나는 부담감에 거절 거절하다가 할 수 없이 기도회를 진행하겠다고 했다. 저녁이 되자, 처음 교회에 나온 여성과 몇몇 성도가 예배에 참석했다.

나는 사부님과 담임 전도사님과 신학생들만 참석하는 줄 알았는데 성도들까지 있으니 부담이 가중되었다. 시간이 되어서 떨리는 마음으로 기도회를 인도하기 위해 강대상 앞에 섰다. 갑자기 하나님이 내 안에서 말씀하셨다. 내가 준비되어 있지 않다는 마음을 주신 것이다. 그리고 내가 무엇을 먼저 해야 하는지 스스로 잘 알고 있다고 하셨다.

사실 그랬다. 동기들은 나에 대해서 모르는 것이 있었다. 나는 그때까지 날마다 담배를 몰래 피우고 있었다. 하루에 두 갑을 피웠지만, 3년을 신학교에 다니는 동안 누구에게도 의심받거나 들키지 않았다. 습관적으로 담배를 피우는 골초였기에 노력해도 끊지 못했다. 몇 번이고 끊어보려고 했지만, 그때마다 실패하고 포기했다. 그러나 기도회를 하려는 데 갑자기 하나님께서 회개하라는 마음을 주신 것이다.

나 혼자 있을 때는 얼마든지 하나님께 자백하며 회개할 수 있었다. 하지만 하필이면 그때 회개해야 했던 내 심정은 매우 난처했다. 더구나 동기들과 담임 전도사님과 성도들 앞에서 교육전도사라는 사람이 어떻게 그것을 자백할 수 있다는 말인가! 그동안 담배를 끊지 못한 나의 한심한 모습에 죄책감이 들었다. 더욱이 그때 내 앞에는 새신자도 앉아있었다. 전도사라는 사람이 담배 피운다는 것을 들으면 얼마나 실망할까! 모든 사람 앞에서 내가 담배 피우는 것을 자백하고 회개한다면, 충격을 받을 텐데. 이럴 수도 저럴 수도 없는 상황이 거룩하게 찾아왔다.

시간은 계속 흐르고 하나님은 나에게 분명히 알려주셨다. 그래서 나는 결심했다. 평양 대부흥도 장대현교회에서 길선주 장로님이 죄인임을 자백하여 시작하지 않았던가. 나는 입을 열었다.

"여러분, 기도회를 진행하기 전에 여러분에게 자백할 것이 있습니다. 여러분 앞에서 하나님께 먼저 회개합니다. 사실 저는 아직도 담배를 피우고 있습니다. 아직도 끊지 못하고 하루에 2갑 정도를 피우고 있는데, 기도회 인도하기 전에 저의 잘못을 먼저 회개하고 시작하려 합니다."

갑작스러운 폭탄선언에 모두 눈을 크게 뜨고 입을 다물었다. 모두 멘붕 상태였다. 성도들과 새신자는 적지 않게 충격받은 것 같았고, 신학생들은 창피해서 그런 것인지 다들 고개를 숙였다. 담임 전도사님의 얼굴은 창백해졌다. 이 상황을 어떻게 해야 할지 몰라 난감한 모습이었다. 기도회에서 이런 충격적인 자백이 나올 줄은 몰랐던 것이다. 그것도 명색이 조장이고 전도사라는 사람의 입에서 나온 자백이니 말이다. 나는 큰소리로 외쳤다.

"죄송합니다. 하지만 이 시간에 담배를 끊었습니다. 저는 담배로부터 자유롭게 되었고 해방되었습니다."

갑자기 예상치 못한 우레와 같은 박수가 나왔다. 나는 박수에 용기를 얻어 힘있게 찬양하며 모두 앞으로 나오라고 한 다음 기도회를 시작했다. 그리고 사부님이 방언을 받도록 중보기도 하자고 하면서 통성기도를 시작했다. 뜨거운 열기에 땀까지 났다. 이렇게 기도회를 인도하고 있는데 갑자기 뒤에서 일본어 비슷한 말이 들렸다. 그날 교회에 처음 나온 새신자가 방언을 받은 것이었다. 못 알아듣는 일본어로 뭐라고 계속 응얼거렸다.

기적이 일어난 것이다. 교회에 처음 나온 분이 방언 받기를 간절히 사모했더니 성령님께서 역사하시는 것을 느낄 수 있었다. 기도회를 통해 성령님이 일하고 계셨다. 갑자기 사부님도 "샬라 샬라!" 하는 식으로 계속 말했다. 담임 전도사님이 사부님도 방언을 받았다고 하면서 매우 기뻐했다. 할렐루야. 기도해서 방언 받는 것을 본 적이 없었는데, 기도회를 인도하면서 직접 경험하니 신기했고 하나님이 살아계심을 느낄 수 있었다. 방언을 인위적으로 하려고 해도, 교회에 처음 나온 분이 어떻게 방언이라는 것을 알고 말할 수 있겠는가.

기도회가 끝난 후, 담임 전도사님은 조장이 어렵게 자백하고 회개하면서 성령님의 인도에 순종하니 하나님께서 역사하신 것이라고 말씀하셨다. 나는 그날 회개를 통해 깨끗하게 하시는 하나님의 은혜를 입었고, 그 후로 10년이 넘도록 다시는 담배를 피우지 않았다. 사람들이 방언 받은 일도 기적이지만, 내가 어떤 약물의 도움 없이 담배를 단번에 끊은 것이 더 큰 기적이라고 말했다. 할렐루야. 살아 계신 하나님께 감사와 영광을 드린다.

"그들이 다 성령의 충만함을 받고 성령이 말하게 하심을 따라 다른 언어들로 말하기를 시작하니라"(행 2:4)

04

말씀을 통한 물질의 결단

30대 중반의 청년 시절, 주님을 인격적으로 다시 만나 예배로 신앙을 회복했다. 하나님의 자녀로서 말씀과 기도로 새롭게 되었다. 세상에서 안 해본 것이 없었고, 유흥문화에 깊이 몸담고 있었기에 때를 씻기 위한 하나님의 지시는 강력했다. 매일 말씀과 기도와 전도를 쉬지 않게 하는 하나님의 훈련은 강했지만, 나의 삶은 이전에 맛보지 못한 행복과 기쁨이 충만했다.

나와 동행하시는 주님의 은혜를 갚을 길이 없었고, 그 은혜를 조금이라도 갚고자 하던 나에게 전도는 생활이었다. 그러나 주님의 신속한 응답으로 믿음은 급속히 자랐지만, 깊은 묵상의 시간은 갖지 못했다. 교회의 원리도 이해하지 못했다. 특히, 나는 물질을 내려놓지 못했다. 십일조에 대해서도 잘 몰랐고, 사업의 형편도 좋지 못했기에 지급해야 할 돈을 내기도 어려웠다.

사업을 정리하고 신학을 준비하던 어느 날 어머니에게서 전화가 왔다. 다급한 목소리로 몇 년 전에 친구에게서 곗돈을 빌렸는데 그 돈을 급히 돌려줘야 한다고 하셨다. 어머니는 친구에게 실수하면 안 된다며, 과거에 내가 일본 유학을 준비할 때 빌린 돈이기에 어떻게 하든 내가 해결하라고 하셨다. 갑자기 일주일 안에 1000만 원을 해결하라고 하니 정말 난감했다. 당시에는 신용불량자였기에 그만한 돈을 융통할 능력이 없었고, 주변에 도움을 줄 만한 사람도 없었다. 유일한 방법은 회사를 매각하는 것이었다. 인터넷 서비스 기반은 나름 잘 되어 있었고, 홈페이지 호스팅 이용자가 제법 있었다. 권리금만 해도 1000만 원은 충분히 받을 수 있었지만, 급한 회사를 통째로 넘기려고 하니 성사가 어려웠다.

그러던 중 홈페이지 제작비 잔금의 일부가 들어왔다. 그 돈은 퇴직한 직원의 상여금으로 다음 달에 사용하려고 했던 것이었다. 그날 밤, 나는 금요철야 예배를 갔다. 내가 할 수 있는 것은 기도밖에 없었다. 그날의 말씀은 부자 청년과 예수님 사이에서 일어난 사건의 이야기였다. 나는 부자 청년은 아니었지만, 믿음을 드리고 싶었다. 주일에 몇천 원 들고 교회에 갔다가 버스비까지 헌금하고 여의도에서 목동까지 걸어오곤

했다.

나는 그날 받은 돈을 물질로 취급하지 않았다. 그것은 내 믿음이었다. 내 절박한 마음을 주님께 드릴 생각이었다. 거래 처에서 받은 돈 100만 원 전부를 감사헌금으로 드렸다. 처음으로 물질의 자유함을 느끼면서 하나님께 드린 헌금이었다. 그것도 여유가 있어서, 사업이 잘되어서 드리는 것이 아니라, 어려움 가운데 드린 물질이었다. 그동안 헌금을 드리면서 느끼지 못했던 감사로 드린 그날, 물질로부터 처음 자유를 느낄 수 있었다. 돈의 시험에 대한 첫 승리였다. 그렇게 믿음의 결단을 한 후 하나님은 정확히 1000만 원을 마련해야 할 일주일이 다 가기 전날에 기적을 베풀어 주셨다. 지인의 소개로 회사를 넘겨받고 투자하겠다는 사람이 나타난 것이다.

그날에 모든 계약 조건을 의논하고 사업 진행과 인수 조건을 결정했고, 사무실을 열고 개발비를 투자하기로 했다. 또한, 기존 시스템보다 더 크게 프로그래머와 디자이너 등의 전문 인력을 채용하기로 했다. 나는 인수 조건 중에 제안한 현금 1000만 원을 급전으로 받았다. 그리고 함께 일해왔던 프로그래머 친구까지 나와 같은 연봉 계약을 했다.

나는 신학교를 졸업할 때까지 이사로 직원 관리를 맡기로 약속했다. 말씀에 순종하여 물질을 심었더니 하나님은 자신이 살아계심을 보여주셨다. 이것은 주님이 영광을 받기 위해 역사하신 것이다. 할렐루야.

"이것이 곧 적게 심은 자는 적게 거두고 많이 심는 자는 많이 거둔다 하는 말이로다 각각 그 마음에 정한 대로 할 것이요. 인색함으로나 억지로 하지 말지니 하나님은 즐겨 내는 자를 사랑하시느니라"(고후 9:6,7).

05
주의 종을 보호하시는 하나님

　회사를 운영하다가 주님을 만나고 은혜를 입어서 신학을 시작했지만, 현실에는 많은 고민과 장벽이 있었다. 신학교를 다니면서 회사를 운영할 수는 없었다. 그러다가 하나님의 은혜 가운데 어떤 지인의 소개로 회사를 매각하고 경영자에서 임원으로 회사를 돌보게 되어 무난하게 다닐 수 있었다. 하지만 회사를 넘겨받은 사람은 회사를 확장하려고 나를 이사로 앉혀 놓고 여러 사업적 요구를 하면서 내가 경영자였을 때보다 더욱 나를 힘들게 했다. 나는 회사에 있으면서 빈 사무실에서 구역예배를 드리기도 하고 주일이 되면 항상 전도하는 일에 열심을 내며 야간 신학교를 다녔다. 하지만 불신자인 대표는 신우회와 구역예배를 목적으로 사무실을 사용하는 것을 막았다. 그리고 내가 신학교 정문을 열고 들어가려고 하면 대표에게서 귀신같이 전화가 오는 것이었다. 지금 당장 급한 일이 생겼다면서 신학교 등교를 못하게 했다.

다시 회사에 복귀하면 술집으로 오라고 하고, 협력사 사람들을 접대하게 하며 술을 강제로 마시게 했다. 계속하여 신학교를 못 가게 하니 너무 힘들었다. 더는 신학교를 다닐 수 없다고 생각했다. 그러던 어느 날 강의시간에 교수님이 신학생은 하나님이 세우신 교회라고 하면서 교회로 세우시는 과정에 있는 훈련생을 핍박하거나 괴롭히면 하나님께서 심판하실 수 있다고 했다. 회사 사장이든 권력자이든 하나님의 능력 안에서 회사가 붕괴되고 그 힘도 제하실 수 있다고 했다.

내가 핍박당하고 있었으니, 회사가 얼마 못 갈 거라는 생각이 들었다. 교수님의 말이 하나님께서 하시는 말씀 같았다. 그 후 잘 나가던 회사는 정확히 6개월 만에 부도가 났다. 무리하게 광고하다가 사채까지 사용했고, 광고의 효과는 내지 못하고 광고 이용자들에게 끌려다녔다. 그러다가 수억 원의 과대 지출로 자금 압박을 받았고, 직원들 급여가 체납되었고, 회사를 운영할 수 없을 정도로 힘들어졌다. 결국, 회사를 부도내고 문을 닫게 되었다.

그는 돈을 잘 벌기로 소문난 경영자였는데 하루아침에 모든 것을 잃고 말았다. 나는 무너진 회사를 다시 일으키려고 경영을 다시 시작했다. 대기업이 MOU 제휴를 요청하여 일을 분배하므로 쉽게 시작할 수 있었다. 하나님은 내가 알지 못하는 은밀한 곳까지 나를 보호하시고 인도하신다. 고통과 어려움 속에 있을 때 주님은 다 알고 계신다. 진정 살아계심으로 우리에게 다가오신다. 할렐루야.

"그러나 주께 피하는 모든 사람은 다 기뻐하며 주의 보호로 말미암아 영원히 기뻐 외치고 주의 이름을 사랑하는 자들은 주를 즐거워하리이다"(시 5:11)

06

　신학교 3학년 때 교회를 개척했다. 당시에 사업도 정리되고 있었다. 아파트 홈페이지 제작사업은 아파트 관리비 할인으로 연결되었고, 여기에 지역광고를 받을 수 있었다. 교회 월세금을 마련할 때는 아파트 주변을 몇 시간 돌아다니기만 해도 수십만 원을 벌 수 있었다. 그래서 돈 버는 일과 사역을 구별하기 위해 돈 버는 시간을 조절하고 있었다.

　이해하기 어려울 수 있겠지만, 나는 돈 버는 시간의 한계선을 정해 놓고 일했다. 본질에 충성하기 위해서 그렇게 했다. 그러던 중 인천시 부평에 있는 벽지·장판·인테리어를 하는 가게에 들어가서 아파트 홈페이지에 디자인비만 받고 광고를 무료로 올려준다고 하니 사장님이 그 자리에서 신청했다. 컴퓨터 옆에 허름한 성경책이 있길래 "사장님, 교회 다니시나 봐요."라고 했더니, 그는 "나는 교회 같은 데는 안 가요!"라며 단호하게 말했다. 그래서 "그럼 교회는 안 다니시고 성경만 읽으시는 건가요?"라고 물었다. 나는 그가 교회에서 시험받은 것이라는 느낌이 들었다. 그는 "내가 가장 싫어하는 사람들이 교인 같지 않은 교인입니다. 교인이라는 사람들이 교회에서 장사하고 거룩한 척하는 것이 가장 싫습니다."라고 대답했다.

바로 옆에 제법 큰 교회가 있었다. 그를 전도하기 위해 그 교회에서 자주 오는 것 같았다. 내 짐작에 그 교회 사람들에게 시험받은 것이 아니라, 뭔가 더 큰 사건이 있는 것 같았다. 그는 그 교회에서 사람들이 올 때마다 교회가 더 싫고 이사하고 싶다고 했다. 한번은 옆 교회에서 장판을 사줄 테니 교회에 나오라고 해서 크게 화를 내며 자신이 거지냐고 말하며 난리를 쳤다고 했다. 자세히 보니, 그의 손에 장애가 있었다. 그러나 그가 성경을 매일 읽는 것도 분명했다.

"교회를 가고 안 가고는 사장님의 선택이지만, 신앙생활은 구원받은 사람이 천국에 갈 때까지 매우 중요합니다. 신앙생활은 영적 성장을 이루는 것이기에 신앙생활을 안 하면 자신만 손해입니다. 신앙생활에서 하나님과의 관계는 일대일입니다. 사람들과 부딪치고 상처받는 것은 말씀의 뿌리가 약해서 그렇습니다. 믿음이 약하고 기복이 심하여 주변 사람들을 의식하고 그들의 말과 행동을 신앙의 잣대로 판단하다 보니 상처를 받는 것입니다. 다시 교회를 다니게 되거든, 사람을 의식하지 마세요."

그랬더니 그는 사실 옆에 있는 교회 때문에 교회에 안 다니는 것은 아니라고 했다. 20여 년 전에는 교회에 잘 다녔다고 했다. 그는 인천 달동네에 있는 작은 교회에 다녔다. 매일 기도하고 봉사하고 목사님과 성도들이 전도했다. 교회를 성장시키는 일이라면, 하던 일도 중단하고 교회 일부터 할 정도로 성실한 일꾼이었다. 세월이 지나면서 교회가 달동네에서 아랫마을로 이사하고 건물도 샀다. 그러던 어느 날 목사님이 새 자동차로 스텔라를 구매했다.

그 동네 사람들은 여전히 연탄을 때고 사는 데 자동차라니. 모든 성도가 달동네에서 어렵게 생활하고 있는데 목사님만 출세하여 자동차를 몰고 다니니, 이용당했다는 배신감에 교회를 떠나게 되었다고 했다. 그렇게 시험 들어 수십 년 동안 교회를 안 다니고 성경만 읽으면서 개인 신앙만 보존한 것이다. 이런 사정은 모르고서 옆 교회에서는 성도들이 자주 찾아와

물건 사줄 테니 교회에 나오라고 한 것이다. 이 말에 교회에 대한 적개심만 늘어난 것을 알 수 있었다.

나는 그에게 아무 말 하지 않고 컴퓨터로 인터넷에 접속하여 어떤 장로님의 사역 동영상이 있는 갓피플TV를 즐겨찾기로 저장해주었다. 그리고 그 영상들이 유명하니 소개하는 것이라고 했다. 설교자가 대학교 교수이자 장로님이라고 하니 호감을 느끼고 내 말을 신뢰했다. 나도 그 장로님의 집회에 몇 번 가보았는데 복음적인 말씀으로만 설교하기에 매우 좋았다고 말했다.

그가 목사님 때문에 시험 들었기에, 그의 마음 문을 열려면 장로님의 사역 동영상으로 복음을 다시 받아들이게 하고 은혜를 받게 해야 한다고 생각했다. 그는 반드시 시청하겠다고 하면서 나에게 고맙다고 했다. 나는 내가 신학생이라고 말하고서 사업장을 위해 기도해주었다. 그는 겸손히 축복기도를 받았다.

일주일이 지났다. 까마득하게 잊고 있을 때 그에게서 전화가 왔다. 매우 고맙다는 인사를 했다. 그 장로님의 사역 동영상을 모두 보았다는 것과 예수님을 영접했다는 것을 말해주었다. 할렐루야. 영상을 통해 말씀을 듣고 다시 하나님을 인격적으로 만났다. 성령님께서 그의 마음을 열어 주신 것이다.

그는 옆 교회에 다닌다고 했다. 교인들은 밉지만, 자신을 전도하기 위해 그런 거니까, 시험 안 받고 열심히 교회 다니고 신앙생활을 하기로 다짐했다고 했다. 그는 자신이 받은 상처로 수십 년 동안 주님을 떠나 고통 속에서 안식 없이 살았다. 그리스도인들이 그처럼 목회자에게 상처받고 교회를 떠나는 일이 늘어나고 있다. 사람을 보고 교회에 다니는 것이 아니라, 교회의 주인이신 예수님을 바라보고 믿음으로 마음을 굳게 지키고 성령님의 전으로 거듭나길 예수님의 이름으로 기도한다. 아멘.

"예수께서 대답하여 이르시되 진실로 진실로 네게 이르노니 사람이 거듭나지 아니하면 하나님의 나라를 볼 수 없느니라"(요 3:3).

07

신학생 때 무슨 봉사가 그리 많은지 여기저기 불려 다녀서 힘들었다. 시간을 따로 내기가 많이 어려웠지만, 영성훈련할 때와 일터에서 일할 때도 담대한 마음과 믿음으로 나아갔다. 금요일마다 산에 올라가서 산상기도회를 했고, 지체장애우들을 목욕시키고, 서울역에서 밥퍼 봉사도 했다.

특히 교회의 여러 행사에 많이 동원되었다. 월드컵경기장에서 열린 교계행사에 마스게임 봉사도 한 기억이 있다. 어느 주일날 한강공원에서 마스게임을 연습하고 노방전도까지 갔다 오니, 오전 예배를 드리지 못했다. 그래서 저녁 예배를 드리기 위해 교회로 급히 갔다. 그런데 교회 입구에서 청년교구에 소속된 어떤 형제가 서성거리며 안절부절못하는 모습으로 서성이고 있는 것을 보았다.

"형제님, 왜 여기에 서 있어요?"라고 물으니 말을 못 했다. "오늘 예배드렸어요?"라고 다시 물으니 아무 대답이 없어 "그럼 저랑 같이 들어가시죠."라고 했다. 나는 그의 손을 잡고 교회로 들어갔다. 순순히 따라온 그와는 그리 친하지는 않지만, 몇 번 본 적이 있었다. 나보다 나이가 많았기에 동생같이 편하게 먼저 말을 걸어서 서먹하지 않게 했는데, 내가 보기에 아직 예배를 드리지 않은 것 같았다. 그는 나와 함께 대성전으로 들어갔다. 마지막 예배라 사람이 많지 않았다. 예배는 시작되었고 설교가 자장가처럼 들리기 시작했다.

온종일 뛰어다니고 연습하고 전도하는 매우 고된 일정 때문에 피곤이 한꺼번에 밀려왔다. 말씀이 귀에 들어오지 않았다. 나는 피로 때문에 집중하지 못한 채 옆에서 예배드리는 형제는 눈이 빛날 정도로 설교를 경청했다. 내가 예배하는 모습은 신학생으로서는 좀 부끄러웠지만, 너무 졸리고 눈까풀이 무거워 매우 힘들었다. 옆에 있던 형제는 설교 중간에 눈물이 조금 보일 정도로 은혜를 많이 받는 것 같았다.

설교가 끝나고 통성기도 시간이 되었다. 나는 성령님의 감동하심으로 그의 손을 잡고 기도했다. 함께 기도하니 은혜가 나에게도 임했다. 가슴이 뜨거워지고 성령이 충만했다. 예배가 끝나자, 그가 나의 손을 잡고 갑자기 울면서 너무 감사하다고 했다. 나는 무슨 영문인지 몰랐지만, 나도 고맙다고 했다.

그 형제는 교회에 나온 지 얼마 안 되었는데 그동안 예배를 드리고 청년모임에도 참석했지만, 하나님이 계시는지 몰라 갈등했다고 했다. 그의 아내는 그 주부터 절에 가자고 했는데, 그는 마지막으로 한 번만 교회를 갔다 온다고 하며 그날 예배에 참석한 것이었다.

그날 오전 11시에 예배드리러 왔지만, 교회당에 들어가지도 못하고 저녁 7시까지 교회 주변에서 서성거리다가 나를 만나 같이 들어가게 된 것이었다. 그는 예배에 은혜를 받았다고 하면서 하나님이 계심을 확실히 알았다는 것과 예수님이 자신을 구원하시려고 나를 만나게 하신 것 같다고 했다.

사실 나는 예배시간에 졸기만 했기에 그에게 더 감사했다. 그가 하나님을 만나는데 내가 통로가 되니 너무 부끄럽기도 하고, 한편으로는 꼭 설교를 잘해야 말씀의 은혜가 있는 것은 아니라는 생각이 들었다. 말씀이 곧 하나님이시며 능력이었다. 그 구원의 은혜에 하나님이 살아계심을 느꼈다. 할렐루야.

"내게 주신 은혜로 말미암아 너희 각 사람에게 말하노니 마땅히 생각할 그 이상의 생각을 품지 말고 오직 하나님께서 각 사람에게 나누어 주신 믿음의 분량대로 지혜롭게 생각하라"(롬 12:3)

08

반주기가 경품으로 걸린 찬양대회

하나님께서 감동을 주셔서 자취방 보증금 300만 원을 뽑아서 인천 부평지역 지하상가를 계약하고 교회설립을 준비했다. 이때 나는 신학교 3학년이었다. 교회설립을 위해 내가 가진 모든 것을 드려야 할 것 같아서 보증금을 빼서 상가를 얻었지만, 재정이 충분하지 않았다. 인터넷을 검색하면서 교회 벼룩시장에서 무료로 나누어 주는 것으로 하나하나 준비해나갔다.

또 지인들에게서 찬양에 사용할 앰프와 스피커 등을 구했다. 가장 필요한 것은 반주기였다. 미가엘반주기를 구매하려고 하니 가격이 만만치 않았다. 중고를 알아보고 판매자에게 문의하자, 일주일 정도 기다려 보라고 연락이 왔다. 필요한 성물과 물품을 놓고 기도하면서 교회개척 준비를 거의 마무리하게 되었지만, 반주기는 주변을 통해 알아봐도 저렴하게 구매할 수가 없었다. 기도가 저절로 나왔다. "설립예배를 드려야 하는데 반주기가 없으니, 하나님께서 예비하셔서 꼭 반주기를 구매하게 해주십시오."라며 간절히 기도했다. 그러던 중 한 기독교 인터넷카페의 게시판을 보다가 눈에 띄는 글을 읽었다.

기독교 라디오 방송에서 여름페스티벌을 통해 목회자 찬양대회를 한다는 것이었다. 경품은 반주기였다. 나는 이 글을 보고 "할렐루야" 하며 하나님의 응답이라고 생각했다. 1등을 하면 미가엘반주기를 경품으로 받을 수 있었다.

즉시 라디오방송국에 전화를 걸었다. 방송 관계자가 전화를 받았다. 반주기 때문에 찬양대회에 신청한다고 하니 찬양을 준비하라고 했다. 갑자기 일이 진행된 것이 심상치 않았다. 그는 잠깐 기다리라고 하더니, 곧 방송이 연결되었다고 하면서 무슨 찬양을 준비했냐고 물었다. 나는 연습도 없이 생방송으로 찬양을 불렀다. 음정, 박자, 가사가 엉망이어서 참지 못해 웃고 말았다. 내가 첫 번째 도전자라서 방송 진행자는 당황한 것 같았다.

찬양이 끝나자, 그는 목회자들도 연습을 충분히 하고 응시해달라고 부탁했다. 하나님이 주신 기회였지만, 찬양을 제대로 못 불렀다. 다섯 명의 목회자 중 한 명을 뽑아서 반주기를 준다고 했는데, 좋은 결과를 아예 기대하지 않았다.

다섯 명이 모두 찬양을 부르자, 진행자가 반주기가 필요한 이유와 사연을 간단히 말해달라고 했다. 나는 신학생으로 교회를 개척한 지 일주일 되었고, 그 주에 설립예배를 드리는데 미가엘반주기만 있으면 준비가 마쳐진다고 말했다. 그리고 자취하던 방의 보증금을 뽑아서 상가 건물의 반지하를 교회당으로 얻었고, 결혼한 지 얼마 안 된 아내와 사택 없이 반지하 교회당에서 장의자를 침대 삼아 생활하고 있다고 했다.

진행자는 정말 대단하다고 하면서 다른 목회자들에게도 사연을 말해달라고 했다. 어떤 목사님은 비 때문에 침수되어 반주기가 고장 났다고 했고, 어떤 목사님은 앞이 안 보이는데 찬양 반주기가 꼭 필요하다고 했다. 다섯 명 모두 반주기 필요한 사연이 각각 절박했다. 그럴 리는 없겠지만, 만약 내가 미가엘반주기를 경품으로 받는다면, 형편이 가장 어려운 목사님에게 주어야겠다고 생각했다. 그리고 그들이 찬양을 부를 때 시청자들이 많이 울었을 것 같았다. 찬양하는 목소리들이 매우 애처롭다는 생각이 들었다.

드디어 미가엘반주기를 경품으로 받을 1등을 발표하려는 순간이 되었다. 진행자는 미가엘반주기를 한 대만 증정하기로 했는데, 그날은 첫날이니 다섯 명 모두 주도록 미가엘반주기 회사 대표에게 연락이 왔다고 했다. "와, 할렐루야. 하나님, 감사합니다." 나는 하나님께서 작은 것이라도 예비하시고 필요를 채워주심에 감사했다.

몇 분 후, 진행자는 미국 로스앤젤레스에 계신 권사님이 방송을 듣고 감동해서 2000만 원을 후원하기로 했다고 말했다. 반주기를 더 많은 교회에 증정할 수 있도록 찬양대회를 계속 진행해달라고 요청해 왔다는 것이다.

> "너는 내게 부르짖으라 내가 네게 응답하겠고 네가 알지 못하는 크고 은밀한 일을 네게 보이리라"(렘 33:3)

09
하나님이 주신 등록금

신학교에 다닐 때였다. 신학기가 되자, 학장님이 바뀌면서 신학기부터는 등록금을 완납하지 못하면 제적시킨다고 전교생에게 통보했다. 학교 주차장이 고급 승용차로 꽉 차 있는데도 학생들의 등록금이 거의 조금씩 밀려 있고, 여유가 있는 학생들도 제날짜에 내지 않는 것을 알고 신학교 운영체계를 개선하겠다는 이유였다.

당시에는 신학도의 길을 가려면 학교 행사와 전도훈련과 영성훈련이 너무 많았기에 아르바이트 할 짬을 내기 어려웠고, 때문에 학비를 마련하기가 쉽지 않았다. 한두 시간 아르바이트를 겨우 하거나 아예 일을 그만두어야 했다. 그 이유로 많은 학생이 등록금을 내지 못하거나 분할로 내는 경우가 많았다.

늦은 나이에 소명을 받고 오신 만학도가 많았다. 자녀들의 학비를 못 내는 분들이 많았고, 도시가스비와 전기세를 못 내서 추운 겨울에 힘들어하는 이들도 종종 보았다. 대다수가 가장들이었기에 기초생활보장 수급자보다 못한 생활을 하는 분들이 많았다. 나도 사업을 접고 직장생활로 전환한 터라 형편이 좋지 않아 한 학기 등록금을 내지 못했다. 학교는 등록금 최후납부일을 통보했다. 학생들은 통보를 받고서 밀린 학비를 내기 위해 아르바이트를 구하러 다닐 정도였다.

나는 100만 원의 등록금을 마련하지 못해 거의 포기 상태였다. 그 당시에는 신용등급이 최하였기에 대출을 받거나 신용카드를 발급받을 수도 없었다. 누구에게도 아쉬운 소리를 할 수 없었다. 믿음으로 주의 종의 길을 간다고 하고서 세상의 방법으로 떠들며 구할 수는 없었다.

등록금 최후납부일이 하루 남았을 때, 온종일 낙심하면서 업무를 마무리하다가 '나는 여기까지인가 보다. 목회자나 사역자는 내 길이 아닌가 보다.'라고 생각했다. 외근을 마친 후 자동차를 타고 귀가하다가 건널목 앞에서 신호를 기다리고 있는데 갑자기 어떤 자동차가 내 자동차를 들이받았다. 충격은 크지 않았지만, 자동차에서 내려 보니 뒤 범퍼가 살짝 찌그러져 있었다. 대수롭지 않은 사고이길래 "그냥 보험처리

하시죠."라고 했다. 그러자 "잠깐만요." 하면서 명함을 주는 것이 아닌가. 그는 "저녁에 전화 드리겠습니다. 죄송합니다." 하면서 자리를 떠났다.

밤 9시에 전화가 왔다. 그는 "아까 사고 낸 사람입니다. 보험처리 하지 말고, 그냥 100만 원 입금해드리면 안 될까요?"라고 물었다. "네? 백… 백만원요?" 속으로 '할렐루야, 만세'를 외쳤다. 계좌번호를 알려주었더니, 즉시 입금했다. 내게도 이런 일이 일어나다니. 하나님은 하루 남겨놓으시고 이런 방법으로 살아계심을 보여주셨다. 눈물을 흘리면서 하나님의 은혜에 감사했다.

다음날, 학교에 등록금을 내려고 했다. 그런데 총무과에서 날 부르더니 어떤 사람이 무명으로 내 학비 100만 원을 내고 갔다고 했다. 자신이 누구인지는 절대 비밀로 하라고 했다는 것이다. 나는 절대 모르는 체할 테니 그가 누구인지 알려달라고 했지만, 매우 완강히 안 된다며 알려주지 않았다. 이럴 수가. 속으로 또 '할렐루야'를 외쳤다. 나는 하나님의 방법을 도저히 알 수 없었다. 모든 일에는 하나님의 뜻이 있을 거라는 생각이 들었다. 나는 내가 얻은 등록금을 우리 반장에게 맡기면서 등록금을 내지 못한 학우를 위해 써달라고 했다.

하나님은 이렇게 나와 또 한 사람을 구제해 주셨다. 세상에서 10년 넘게 사업했지만, 이런 일은 절대 일어나지 않았다. 기적도 없었고, 감동도 없었다. 사업이 어려움에 부딪혀도 금전적으로 도와준 사람이 없었다. 주님의 일과 방법에는 인정과 사랑이 있다. 나는 하나님이 하시는 일에는 크고 비밀한 계획이 있는 것을 믿는다.

"우리가 알거니와 하나님을 사랑하는 자 곧 그 뜻대로 부르심을 입은 자들에게는 모든 것이 합력하여 선을 이루느니라"(롬 8:28)

10

천사를 보내주신 하나님

목회하던 시절에 아내가 아기를 출산해서 서울 어머니 집에
보내고 혼자서 교회를 지키며 신학교도 다니면서 열심히 목회
했다. 교인이 몇 안 됐지만, 동네에서 매일 전도하다가 거동
이 불편한 사람들과 혼자 사는 아주머니들을 심방하고 기도해
주고 보살폈다. 젊은 목회자가 혼자 사는 아주머니들을 방문
하기는 조금 불편하고 부담스러워서 고민 끝에 인터넷의 사역
자 구인 게시판에 광고하기로 했다. 나이가 조금 든 여자 전
도사님을 심방전도 하실 분으로 모신다고 올려놓았다.

나이가 조금 든 전도사님에게서 연락이 왔다. 시작한 지 얼
마 안 된 교회라 사례비는 어렵고 교통비만 드릴 수 있다고 했
다. 전도사님은 사명감으로 사역을 하겠다며 토요일과 주일
만 나오기로 했다. 너무 감사했다. 교통비만 드리는데도 열심
히 해 주셨다. 그리고 사부님의 십일조를 우리 교회에 드리므

로 교회에서 받는 교통비보다 교회에 내는 헌금이 더 많았다.

그렇게 몇 개월을 수고해주셨는데 어느 날 아들 때문에 사역을 그만두어야 한다고 하셨다. 그동안 열심히 사역해 주셔서 너무 감사했다. 마저 한 달을 꽉 채워 사역했기에 교통비 30만 원을 지급해야 했다. 그러나 당시 대기업을 다니던 동서가 갑자기 잘 나가던 회사를 그만두고 자신도 신학을 한다고 신학대학원에 입학하여 수백만 원의 등록금 때문에 우리 교회에 내던 십일조를 중단했다. 그 상황에서 교회당 월세를 지급하고 나니 워낙 빠듯한 형편이었기에 사역을 도와주시던 전도사님께 교통비 30만 원을 드리지 못할 처지가 되었다. 교통비보다 헌금을 더 내고, 나와 함께 어려운 이웃을 심방하면서 헌신하던 전도사님에게 교통비를 드리지 못한채 보내드릴 수는 없었다.

당시에는 어머니와 아내와 나까지 3명이 신학생이었다. 교회당 월세 40만 원을 매달 내야했고, 매일 인천에서 서울까지 학교에 다니느라 늘 시간에 쫓겼다. 학교에서 임원으로 봉사했기에 아르바이트도 하지 못했다. 그런 상황에서 교통비 30만 원은 나에게 태산 같은 돈이었다. 불과 몇 해만 해도 현금 30만 원은 광고나 블로그만 제작해도 1시간 안에 얻을 수 있는 돈이었다. 속으로 아쉬워했지만, 신학하면서 사업을 내려놓았기에 세상의 방법은 생각할 수 없었다. 하나님께서 해결해주시기 전에는 도무지 방법이 없었다.

금요일이 되어 철야예배를 드리게 되었다. 여의도순복음교회의 위성예배로 드렸다. 나는 학교에 다녔고 교인은 몇 안 됐기에 금요철야 예배는 가끔 위성 생중계로 드렸던 것이다. 예배를 시작하려 하는데 처음 보는 대학생으로 보이는 남자 청년이 들어왔다. 반갑게 인사했다. 그러자 청년은 선교사의 자녀인데 전날 아버지와 한국에 왔고, 간판을 보니 순복음교회인 것 같아서 예배드리러 왔다고 했다.

여의도순복음교회는 예배마다 헌금수전이 있다. 평소에는 헌금수전을 안 하지만, 그날은 여의도순복음교회의 위성예배를 드렸기에 헌금수전을 했다. 예배가 끝난 후 청년과 교제를 나누었다. 청년은 선교현장의 이야기와 이런저런 이야기를 했다. 그는 선교지에서 태어났고, 한국에 오면 첫 예배를 드리는 곳에 헌금하려고 조금씩 돈을 저축했는데, 그것을 우리 교회에 드리게 되어 감사하다고 했다. 그리고 차 한 잔을 마신 뒤 돌아갔다.

청년이 간 후 헌금봉투를 강대상에 올려드린 후 축복기도를 했다. 그리고 헌금봉투를 열어보니 정확히 30만 원이 들어있었다. 할렐루야. 주님께서 예배를 통해 응답하셨고, 하나님께서 천사를 보내주셨다는 생각에 감정을 억제할 수 없어 눈물이 났다. 이런 일은 성령님의 감동이며 주님이 주신 은혜였다.

세상에서 15년 동안 산전수전을 겪으며 사업을 했지만, 이런 일이 일어난 적은 한 번도 없었고 기적도 없었다. 항상 고객의 눈을 속이고 경쟁사를 문 닫게 하려고 싸우며 지저분한 경영을 했다. 매출이 좋아야만 직원들에게 좋은 소리를 들었던 장사꾼이었다. 감동이 없는 세월을 보낸 과거가 문득 생각났다. 세상에서 돈 버는 일과 하나님나라의 일은 비교할 수 없었다. 죄와 사망의 법 아래 살았음을 회개했고, 주님 안에서 살고 있음에 감사했다.

"이는 그리스도 예수 안에 있는 생명의 성령의 법이 죄와 사망의 법에서 너를 해방하였음이라"(롬 8:2)

11
하나님이 주신 담대함

배관 자격증이 있어서 스물한 살에 가스레인지 사후관리 기사로 일한 적이 있다. 어떤 가정집에 방문하고 주방에서 가스레인지를 점검하고 있는데 집주인 아주머니가 잠시 나갔다 온다고 해서 딴 생각하지 않고 계속 일했다.

일을 마칠 즈음 아주머니가 들어오더니 무엇을 찾기 시작했다. 나는 "안녕히 계세요."라고 인사하고 나가려는 데 잠시 기다리라고 해서 '음료수나 간식을 주려고 하나.'라고 생각하고 서 있었다. 그런데 갑자기 나에게 오더니 다짜고짜 멱살을 잡는 것이 아닌가! 나는 당황하여 "왜 이러세요."라고 했다. 나보고 도둑놈이라며 돈 어디에다 감췄냐고 내 옷의 주머니를 뒤지기 시작했다. 아주머니에게 내 몸에 함부로 손대지 말아달라며 진정하시라고 재차 말했다.

아주머니는 싱크대 안에 있던 100만 원이 없어졌다했다. 어이가 없었다. 고작 100만 원 때문에 나에게 이러는 거냐고 하면서, 그런 돈 모른다고 말했다. 나는 그깟 푼돈을 훔칠 사람이 아니라고도 말했다. 물론 1990년대 초의 100만 원은 적은 돈이 아니었다. 하지만 나는 전 재산을 훔치면 몰라도 100만 원에 인생을 망치지는 않는다고 하면서 차분히 설명했다. 그러나 아주머니는 급기야 나를 파출소로 끌고 가서 순경에게 상황을 설명했다. 내가 매우 차분하게 동요 없이 내 입장을 말하자, 순경은 두 사람의 상황 설명이 전혀 다른 것이 이상하다면서 그 집에 가보자고 했다. 나는 아주머니에게 싱크대 어디에 돈을 넣었는지 묻고서 그곳을 찾아보았다. 파란 통 같은 바가지를 들추자, 고무줄에 묶인 돈뭉치가 나왔다.

보아하니, 그 돈은 비상금이었다. 남편 몰래 숨겨놓은 것 같았다. 아주머니는 매우 놀라면서 어찌할 줄 몰랐다. 얼굴을 붉히면서 돈이 왜 거기 있냐고 하며 나에게 미안하다 했다. 나는 그럴 줄 알았다고 하면서 웃었다. 순경도 웃었다. 아주머니는 "아니 이 총각이 내가 멱살 잡고 도둑놈이라고 난리를 쳤는데도 차분히 이야기하고 화를 안 내서 좀 이상했어요."라고 말하면서 너무 부끄럽다고 계속 사과했다.

나는 그 당시 큰 사업가가 되겠다는 꿈과 포부가 있었다. 모든 일은 마음먹기에 따라 변화한다고 생각했다. 그 어린 나이에 매우 큰 꿈과 소망이 있었다. 지금은 더 큰 꿈을 가지고 있다. 하나님의 사업에 참여하고 있기 때문이다. 하나님의 사업은 이 땅에 부활의 생명을 준다. 모든 사람이 지금이 어려운 시기라고 하지만, 지금의 위기는 다시 일어설 수 있는 기회가 될 수도 있다. 이것을 뛰어넘으면, 하나님이 지금보다 몇 배의 발전과 부흥을 주실 것을 기대하자.

"이르시되 내가 반드시 너에게 복주고 복주며 너를 번성하게 하고 번성하게 하리라 하셨더니"(히 6:14)

12
무속인도 도망가는 예수권세

신학교 2학년 때였다. 여의도순복음교회 실업인연합회 사회사업선교회에서 심방교육 전도사로 섬긴 적이 있었다. 소년소녀 가장들을 방문하여 예배드리고 아이들을 돌보고 섬기는 사역이었다. 주일에만 스무 가정을 방문해야 하는 일이어서, 오전 예배를 드리고 바쁘게 다녀야 했다. 선교회 회원이신 권사님과 집사님, 신학교 선배 전도사님들, 총 다섯 명이 한 팀이 되어 다녔다.

심방팀은 여럿이었는데 한번은 다른 팀과 같이 가게 되었다. 그 팀이 방문하던 한 가정에는 귀신들린 사람이 있다는 말을 들은 적이 있었다. 그런데 그날은 그 가정을 방문하는 날이었다. 가기 싫었지만, 팀으로 가는 것이라 빠질 수 없었다. 권사님과 집사님이 함께하는데 신학생이 겁난다고 가지 않을 수 없는 상황이었다.

마음으로 기도하면서 그 집에 갔다. 귀신이 내 속에 들어오는 것은 아닌가 하는 불안한 마음이 계속 들어서 불편했다. 초인종을 누르니 갑자기 문이 열리면서 어떤 아주머니가 우리를 보자마자 "으악!" 하고 소리를 지르면서 털썩 주저앉았다.

나도 깜짝 놀라 뒷걸음쳤다. '어, 뭐지?' 아주머니는 일어서더니 우리에게 "아이고, 예수 믿는 분들이 오셔서 잡아가는 줄 알고 또 놀라버렸네. 히히히. 어서 오세요."라고 했다. 권사님은 "귀신이 잠시 도망갔나 보네." 하면서 그 집을 심방하면 아주머니가 자주 그런다고 하시며 나를 안심시켰다.

아주머니는 소녀 가장인 초등학생 조카를 데리고 있는 고모였다. 나는 순복음교회 목사님들이 귀신 쫓는다고 여러 번 그집에 와서 기도했다는 것을 들었다. 그런데 아직도 귀신이 떠나지 않은 것 같았다. 그녀는 다과상을 보면서 사전에 연락도 하지 않은 우리가 방문할 것을 이미 알고 있었다고 했다. 그의 여동생이 무속인인데 동거하는 스님과 함께 그 집에 오던 중 갑자기 자신에게 전화하더니 못 오겠다고 하면서 집으로 돌아갔다는 것이다. 동생이 아무 이유 없이 돌아간 것을 이상하다고 생각했는데 예수 믿는 사람들이 오겠구나 하는 생각이 들었다고 했다.

나는 '정말 군대 귀신같이 아는구나. 정말 귀신들린 사람이 맞네.'라고 생각했다. 그녀는 그래도 전보다 자신이 좋아지고 있다는 것과 예배를 드리고 교회도 가끔 나간다고 했다. 우리는 예배 후 손을 잡고 통성으로 기도했다. 그런데 옆에 있던 남자 전도사님이 뱀 한 마리가 벽을 타고 오르는 것 같다고 해서 등골이 오싹했다. 그 말을 들으니 그 집에서 빨리 벗어나고 싶었다.

내가 담대하게 복음을 전하게 하려고 하나님이 나를 훈련하시는 것이라는 생각이 들었다. 귀신보다 강하신 예수님이 이 땅의 주님이시기에 악한 세상을 다스릴 수 있으시다. 그리스도인들에게는 하나님의 권세가 있으니 악한 영이 그리스도인들을 대적할 수 없다는 것을 알게 되었다. 예수님의 권세는 내 권세이다.

"더러운 귀신들도 어느 때든지 예수를 보면 그 앞에 엎드려 부르짖어 이르되 당신은 하나님의 아들이니이다 하니"(막 3:11)

13
우상을 허락하지 않는 성령님

2년여 기간 동안 사례비 없이 사역한 기간이 있었다. 사례비 없는 사역자로 산다는 것이 어떤 것인지 그 기간동안 알 수 있었다. 그것도 한 가정의 남편이자 어린 자녀를 둔 아버지였기에 2년 동안의 그 시간들엔 하나님 앞에 재정의 고통을 온전히 맡기며 나아갈 수밖에 없었다. 이유는 하나였다. 주님의 역사하심을 통한 체험과 말씀과 기도로 새로워지고 싶었다. 내 안에 있던 목회자의 권위도 벗어버리고 싶었다.

하나님께서는 내가 2년 동안 사례비 없이 신학교운영과 직장선교회 교역자 행정을 하면서, 기관사역을 배우고 다양한 경험을 하길 원하신 것 같다. 밥 먹을 돈은 여기저기서 공급되었다. 하지만 보증금은 모두 월세로 공제되어 마침내 집을 비워주어야 할 처지까지 되었다. 한마디로 쫓겨나는 것이었다. 하지만 걱정은 하지 않았다. 하나님은 갈 곳 없는 그 상황에서도 마음에 평안을 주셨다. 정말 보증금이 없는 곳을 찾아가야 하는 데 갈 데가 있는지도 알 수 없었다.

서울에서 가장 싼 곳을 찾았다. 양천구 신월동이었다. 공장이나 술집에 다니는 사람들이나 망한 사람들이 오는 곳이라는 소문을 들었던 지역이다. 비행기가 공항으로 오는 경로라 소음 때문에 집값이 정말 쌌다. 이곳으로 정하고 보증금 50만 원에 월세 15만 원짜리 반지하로 이사했다. 이런 일이 나에게 있다니, 오히려 하나님께 감사했다. 실패해서 온 것은 아니었다. 이런 고생은 돈 주고도 못하는 것이니 괜찮았다. 집을 얻는 과정에 보증금 문제로 두 번을 옮겨야 했다. 찾다 보니, 오랫동안 비어 있는 집이 있어서 얻었다. 아내가 집주인과 계약했기에 나는 계약과정을 잘 알지 못했다. 3층에 주인 할머니가 살았고, 할머니의 아들들은 딴 곳에서 살았다. 2층에는 한 가족 4명이 살았다. 그들은 교회 다닌다고 했다.

이사한 지 한 달 정도 지났을 때였다. 교회 파트사역 때문에 면접도 보고 예배도 드리고 오후에 집으로 돌아왔다. 고무탄 냄새가 심하게 났다. 주변이 난장판이었다. 무슨 일인지 물어보니, 주인집에 불이 났다는 것이다. 다친 사람은 없었지만, 3층 전체가 불타서 재산 피해가 크다고 했다. 여기저기

소화로 인한 물과 불에 탄 물건들로 어지러웠다. 큰불이 난 것이 확실했다. 그런데 3층만 피해를 보았다.

아내는 아기를 데리고 교회에 갔다 와서 아기를 재우다가 깜박 잠이 들고 말았다고 했다. 잠을 자다가 갑자기 "불이야, 불!"이라는 소리에 잠이 깨서 다행히 빠져나올 수 있었다고 했다. 큰일이 날 뻔했는데 하나님의 큰 도우심이 있었다. 인터넷에 신월동 화재라고 검색하니 기사가 떠 있었다. 그런데 점집이라고 쓰여있는 것이 아닌가! 이상해서 다른 기사도 읽어보니 점집에 불났다는 것이었다. 아내가 그날 사람들에게 들으니 3층 할머니가 신당을 차려 놓고 점집을 하는 보살이라고 했다. 이럴 수가. 우리를 속이다니.

우리를 속인 것에 화가 났지만, 모든 것이 이미 불에 타고 난 후였다. 우리가 이사할 때 내가 목사라고 분명히 말하고서 교회 다니는지 물어본 기억이 났다. 우리를 속인 것이다. 자신은 무당이면서 빈집에 세 들이기 위해 숨기고, 점집을 운영한 것이었다. 3층에 올라가 보니, 신당이 있었다. 부처상과 괴상하게 생긴 우상들이 가득했다. 하지만 하나님은 나와 점집이 한 건물에서 동거하는 것을 허락하지 않으셨나 보다. 모두 태워 버리셨다. 우상과 제단을 하나 남김없이 태우셨다.

하나님이 나를 배려하신 은혜였다. 하나님의 살아 계심을 어
떻게 부정할 수 있을까? 할렐루야.

> "하나님의 성전과 우상이 어찌 일치가 되리요 우리는 살아
> 계신 하나님의 성전이라 이와 같이 하나님께서 이르시되
> 내가 그들 가운데 거하며 두루 행하여 나는 그들의 하나님
> 이 되고 그들은 나의 백성이 되리라"(고후 6:16)

14
언더우드 선교사님이 심은 나무

날마다 성경을 읽다 보면, 아는 구절이라도 새로운 감동을 받는다. 이 달콤함은 꿀맛이라고 할까! 말씀은 늘 평안을 가져다준다. 전도집회가 끝나고 전북 김제에서 기차로 밤 12시 20분에 도착하여, 집으로 가는 마지막 버스를 타기 위해 영등포시장 정류장에서 잠시 버스를 기다리는 동안 많은 사람의 모습을 보았다. 포장마차에서 시비 붙은 사람, 술에 취해 횡설수설하는 노인, 음흉한 눈으로 나를 바라보는 여자, 모두 술에 취한 모습이었다. 매우 익숙한 과거의 내 모습이 아니던가!

나는 지금 자백하기에도 부끄러운 청소년기를 보냈다. 비행 청소년 시절에 교회에서 술을 마셨다. 비행 청소년들에게는 밤에 아무도 없는 교회는 아주 좋은 아지트였기 때문이었다. 물론, 담배도 교회 마당에서 피웠다. 교회 관리집사님에게 걸리면 혼나고 쫓겨나면서도, 교회는 밤 고양이들이 매일 만나는 장소이자 안식처였다.

먹지도 못하는 술을 먹고 취하면 항상 토하는 곳이 있었다. 교회 마당에는 동네에서 가장 오래되고 엄청나게 큰 나무 한 그루가 있었다. 둥근 잎 느티나무였다. 무려 100년이 넘었다고 했다. 나에게는 특별한 사연이 있는 친구 같은 나무였다. 어릴 적부터 그 나무에서 하늘소와 매미를 잡기도 하고, 올라가서 놀기도 했다. 가끔 껴안아 주기도 하고, 열 받으면 발로 찰 정도로 특별한 관계였다.

그 나무는 서울시에서 보호수로 지정한 것이었다. 지금은 늙어 죽어서 교회의 십자가로 만들어졌고, 교회 주변을 꾸미는 데 사용되었다고 한다. 그 나무는 언더우드 선교사님과 함께 들어와 100년 이상을 살면서 오랫동안 선교사 역할을 했다. 그 나무를 통해 언더우드 선교사님의 정신을 알 수 있었고, 한국에 대한 사랑을 알 수 있었다.

신학교 다닐 때 우연히 그 나무에 대해 알게 되자, 마음 깊은 곳에서 하나님의 섭리를 느낄 수 있었다. 친구 같은 그 나무는 언더우드 선교사님이 우리나라에 첫 선교사로 오신 기념으로 가져온 나무였던 것이다. 이 사실을 알았을 때는 고개를 들 수 없었다.

우리나라의 기독교 역사와 같은 나무에다 술 먹고 토한 나의 과거는 내가 망나니 같은 짓을 하고 다녔다는 것을 반성하게 했고, 나의 무지를 깨닫게 했다. 또한, 지금은 그런 어린 시절의 내가 목사인 사실이 너무 부끄럽고 창피하다. 기독교 역사에 특별한 기념이 되는 나무에 세상 쓰레기를 쏟아부었지만, 하나님은 예비하신 일을 하시기 위해 나에게 보호수와 같은 울타리를 만들어주신 것 같았다.

세상은 술에 취해 있다. 사람들은 길이 없는 곳을 다니며 방황하고 있다. 그들은 고아이다. 의지할 것이 하나도 없다. 하나님은 이들을 찾고 계신다. 주님은 어디로 가야 할지 모르며 방황하는 영혼들에게 느티나무처럼 더러운 오물을 받아주고 맞아주고 그늘도 주신다. 우리를 택하신 은혜에 보답하는 것은 이 땅에서 사명을 감당하는 것이다.

"그는 진리의 영이라 세상은 능히 그를 받지 못하나니 이는 그를 보지도 못하고 알지도 못함이라 그러나 너희는 그를 아나니 그는 너희와 함께 거하심이요 또 너희 속에 계시겠음이라 내가 너희를 고아와 같이 버려두지 아니하고 너희에게로 오리라"(요 14:17,18)

15

바이블타임(Bible Time) 선교회에서 비영리 사역으로 성경 읽기운동을 할 때였다. 전 세계에 성경읽기 운동을 진행하면서 성경을 월간으로 발행하여 매일 읽을 수 있도록 만들었다. 이 월간 성경은 기존의 큐티 책과는 달라서, 예화와 유머와 강해와 해설이 없이 순수하게 성경본문만 수록한 큐티 책이다.

나는 성경읽기운동과 해외 고아들에게 성경을 보내주는 사역을 위해 많은 교회를 방문하고 여러 목회자 모임에 참석했다. 이 시대의 권서인(또는 매서인)으로서 성경을 팔아야 하는 것이었다. 잡상인처럼 돈 되는 것은 무엇이든 팔러 다녔던 내가 이제는 하나님나라를 위해 성경을 팔러 다니는 모습이 참으로 재미있었고 하나님의 섭리가 있음을 알 수 있었다. 세상에서 세상의 영업을 하며 경험 쌓은 것을, 하나님은 하나님 나라를 위하여 사용하셨다. 그 모든 것이 이때를 위한 것이 아니었을까 하는 생각이 들었다.

어느 날, 대전을 방문했다. 내가 아는 목사님이 대전에서 세미나를 하는데 세미나가 끝나면 성경읽기운동을 잠시 소개할 시간을 준다 해서 내려간 것이다. 작은 교회에서 열린 세미나였지만, 먼 길을 마다하지 않았다.

대전에서 사역을 마친 후 서울로 돌아오던 길이었다. 고속도로를 달리는데 하나님이 갑자기 내 마음에 말씀하셨다. 대전으로 내려와 성경읽기운동을 하라는 것이었다. '주님, 제가요? 대전에 아는 목사님도 없고, 대전에 내려오면 가족과 떨어져 생활하고 불편하게 지내야 합니다. 또한, 선교회에서 나를 내려보내지 않을 수도 있는데 왜 이런 마음을 주시는 건가요? 주님, 저는 내려갈 수 없습니다. 저 말고 다른 사람을 보내세요.' 이렇게 마음으로 대답했는데, 주님이 또 '잘 생각해보아라. 네가 아니면 누가 이곳에 내려오겠느냐?'라고 하셨다. 그래서 '제가 하겠습니다. 제가 아니면, 사실 누가 내려갈까요! 하하.'라고 말씀드렸다. 하나님께서 이 마음을 주신 것에 매우 기뻤다.

내가 하나님에게 사역자로 인정받은 느낌이라고 할까! 이렇게 결정하고 나니, 바로 선교회에 말해야 한다는 생각이 들었다. 만약, 대전에 지사를 만드는 것을 반대하면, 이번 기회에 그 선교회 사역을 단호하게 그만두려고 생각했다. 그만큼 대전에서 시작할 성경읽기운동에 대한 확신이 있었다. 그리고 꼭 나를 대전으로 순조롭게 보내줄 것 같았다. 다음 날, 선교회 대표에게 제안했다. 대전광역시는 전국의 중심이지만, 성경읽기운동이 아주 저조하니 그 지역에 내려가 직접 지부를 만들고 자리를 잡을 때까지 열심히 할 테니 보내 달라고 했다.

그 말이 믿음직스러웠는지, 선뜻 3개월 동안 생활비와 연료비, 유지비를 지원해준다는 약속을 했다. 기쁘고 가슴이 설레었다. 전혀 알지 못하는 도시에 내려가서 사역한다는 생각에 개척자가 된 듯 기대가 되었다. 나는 항상 이렇게 기분파로 사역한다. 가족에게는 미안하지만, 사역을 위해 잠시 가족과 떨어져 있어야 했다. 하지만 사역이 잘 정착하면, 대전으로 이사할 생각도 했다. 물론, 우리 귀여운 딸이 눈에 밟히며 함께 놀아주지 못할 시간들에 정말 미안했다. 하지만 미약하나마 대전에 성경읽기운동이 정착하게 하는 것은 건강한 교회들을 세워가는 것으로 생각했다.

사실 이 선교회에 들어와 놀란 것은 많은 교회의 성도가 성경을 읽지 않는다는 것이다. 그것은 교회들을 다니며 조사해서 알게 된 사실이다. 이 책에 많은 이야기를 쓰고 싶지만, 비신자들도 전도용으로 읽을 수 있어서 성경읽기에 관한 이야기는 여기까지 하려고 한다. 그러나 정말 안타까운 일이 아닐 수 없다.

대전에서 사역하면서 의아한 것이 있었다. 내가 모르는 교회들과 목사님들이라 그랬는지, 이단·사이비가 판쳐서 그랬는지, 교회들은 나에게 문을 잘 열어주지 않았다. 그들은 나에게 명함만 달라고 했고, 나는 그들과 상담을 하지 못하고 나와야 했다. 정말 대전은 사역하기 어렵다는 생각이 들었다. 이런 상황을 예상하지 못했다. 믿는 자로서, 이런 푸대접은 처음이었다. 한편으로는 이해가 됐지만, 실망이 너무 컸다. 만약 내가 교회에 처음 온 신자였다면, 정말 교회들 때문에 시험 들었을 것 같다.

하지만 하나님은 나의 중심을 보시고 열정을 알고 계실 거라 믿으며 포기하지 않았다. 할 수 없이 인맥을 동원하여 목사님들을 알아가려 했다. 대학원 동기 신홍제 목사님을 만나여러 도움을 청했다. 신 목사님은 성격이 좋고 착해서 내가 성경읽기운동을 도와달라고 했을 때 선교회에 물질로 후원하기도 했다. 또 아는 목사님들을 소개해주었다. 나는 인맥을 쌓아가며 많은 목사님을 만나고 교제했다. 그러다가 대전에 정착한 지 두 달 만에 어떤 귀한 목사님을 만나게 되었다.

그는 대전에서 직업전문학교를 경영하고 있었다. 직업학교 원장이면서 목사님이었다. 얼마나 믿음이 좋고 성령이 충만한지, 많은 교회를 후원하고 사업을 통해 교계에 아낌없이 지원해주는 분이었다. 나는 그를 소개받고 성경읽기운동에 대해 말했다. 그는 60개 교회에 6개월간 월간 성경을 후원해주었다. 그를 통해 60개 교회를 선정하러 다니면서 월간 성경을 보급하고 성경읽기 강의도 해주면서 은혜 가운데 교회 사역이 이루어졌다.

그 목사님 덕분에 대전의 많은 목사님을 만났고, 후원받은 목사님들이 노회와 지방회에도 소개해서 사역이 활발하게 되었다. 나는 대전에 홀로 내려와 고시원에서 생활하면서 많은 교회를 다니며 성경읽기운동이 교회에 적용되도록 최선을 다했다. 많은 목사님이 성경을 읽는 일에 큰 은혜를 받았다. 그리고 성도들에게 성경을 읽게 했다. 나는 교회가 건강하기 위해서는 성도들이 직접 하나님 말씀의 원액을 먹고 묵상하며 강건한 신앙을 가져야 한다고 믿는다.

9개월 만에 사역을 마치고 서울로 돌아왔다. 선교회가 중단하게 해서 아쉬워하며 올라왔지만, 9개월 동안 많은 일이 있었다. 성경강의를 통해 많은 회심이 일어났고, 목사님들에게 인터넷 교육을 하면서 모바일전도 강의도 해주었다. 이것을 발단으로 본격적으로 모바일전도 강의를 하게 되었다. 하나님은 예비하셨고, 그 일을 준비하도록 하셨다. 내가 작은 일에 충성했더니, 감추어진 나의 은사와 달란트를 사역에 적용할 수 있도록 새로운 길을 열어 주셨다.

성경읽기운동을 위해 2년 동안 많은 교회를 다녔다. 경차를 구매하여 2년 동안 80,000km를 다녔다. 그리고 많은 목회자를 만나고 큰 은혜와 도전을 받았다. 특히, 하나님은 성경읽기를 시작한 작은 교회들에 기적을 행하셨다. 어떤 교회들은 예배당을 구매했고, 어떤 교회들은 부흥하여 장소를 옮겼다. 나는 부흥의 작은 불씨는 성경을 읽는 데서 시작한다고 생각한다.

요한복음 1장 1절은 "태초에 말씀이 계시니라 이 말씀이 하나님과 함께 계셨으니 이 말씀은 곧 하나님이시니라"라고 말씀한다. 성경이 가리키는 이 말씀은 육신으로 오신 예수님이다. 예수님은 교회의 머리이며, 우리와 한 몸을 이루고 있다. 그런데 성도가 말씀을 읽지 않는 것은 예수님을 부인하는 것과 다를 바 없다. 나는 열악한 가정환경으로 인하여 우리 아이를 학원이나 문화센터에 보내어 교육시키지 못했다. 다만, 아이가 여섯 살 때부터 성경을 매일 한 장씩 읽게 했다. 여섯 살 때는 거의 우리 부부가 읽어주었고, 일곱 살 때부터는 함께 소리 내어 조금씩 읽었다. 부모와 아이가 성경을 함께 읽는 것은 최고의 교육이었다.

아이가 여덟 살이 되어서도 성경을 매일 읽었지만, 나는 아이가 다른 아이들보다 많이 뒤처지지 않을까 하는 걱정을 했다. 하지만 하나님은 우리 아이를 학급 아이 중 발표력이 뛰어나고 성격이 활발한 아이로 만들어주셨다. 내가 보아도 학급 아이 중 우리 아이처럼 똑소리 나는 아이는 없어 보였다. 성경이 아이들의 지적 성장의 해답이다. 생명력 있는 말씀이 아이들을 하나님의 사람으로 만들어주는 영적인 만나가 되는 것이다.

"주의 말씀은 내 발에 등이요 내 길에 빛이니이다"(시 119:105)

PART 2

복음의 능력으로
살아계심

16

세상에서 180번 승리한 것과 하나님나라를 위해 180번 승리한 것의 다른 점은 열매로 알 수 있다. 나보다 세 살 많은 친형이 해보지도 않은 당구장을 개업하고 3개월 동안 손님이 거의 없어 문 닫을 위기에 처했었다. 평소 영업을 잘하고 사교성이 많은 나에게 당구장 운영을 도와 달라고 하여, 나는 그 이후로 날마다 당구장에서 숙식하며 일했다.

내가 당구장을 관리하고서 한 달 만에 하루 매출 5만 원에서 20만 원으로 상승했고, 단골손님도 늘어났다. 나의 영업 비결에는 여러 전략이 있었다. 그중 가장 효과적인 것은 다른 당구장에 없는 분위기를 만들어 손님들의 만족도를 높여주면서 타고난 사교성으로 당구장을 재미있는 곳으로 만들어 가는 것이었다.

나는 혼자 오는 손님을 특히 잘 관리했다. 그런 사람에게는 당구게임을 해주었다. 그중 한 중년의 남자는 제법 큰 슈퍼마켓을 운영하는 사람이었다. 나는 그와의 게임에서 기적 같은 기록을 만들고 있었다. 그것 때문인지 하루도 안 빠지고 당구장에 출석했다. 그가 나와의 게임에서 한 번도 이기지 못한 것이었다. 결승게임을 할 때까지 날마다 2:1이나 2:0으로 졌다. 180일이 지나도록 그는 하루도 이기지 못하고 집으로 돌아갔다. 주변 사람들이 나에게 하루만이라도 좀 져주면서 살살해야 하지 않냐고 했다. 그들은 나에게 잔인하고, 인정머리 없고, 너무한다고 했다.

180번을 연속으로 이기는 맛을 느껴보지 못하면 승리감을 알 수 없다. 승리의 도취는 오래간다. 나와 매일 게임하는 손님에게 한 번도 져주지 않는 나의 잔인한 승리의 소문은 온 동네에 퍼졌다. 180번을 지고 한 번만이라도 이기려고 날마다 온 그 사람은 날마다 이긴 나보다 더 대단하단 생각이 들었다.

당구장을 그만두던 날, 슈퍼마켓 사장님이 나에게 "한 번은 져줄 수 있는 거 아니요?"라고 물었다. 그래서 나는 그에게 "제가 한 번이라도 져주었다면, 우리 당구장에 계속 오셨겠어요? 아마도 다른 당구장으로 가셨을 겁니다. 날마다 게임에서 졌기에 한 번이라도 이기려고 날마다 오신 겁니다."라고 했다. 그는 내 앞에서 대단하다고 칭찬했지만, 많은 사람은 나의 인정사정없는 승리욕이 잔인하다고 생각했을 것이다. 돌이켜보면, 그 슈퍼마켓 사장님은 한 사람에게 6개월간의 게임에서 이기지 못한 아픔과 낮은 자존감 가운데 인생을 살 수도 있다는 생각이 들었다.

내 인생에는 180번을 연속 승리한 기적이 또 있다. 그것은 영적인 승리였다. 바로 복음전도에서의 승리였다. 인천 부평의 상가에서 교회를 개척하여 날마다 전도하며 열심히 목회했다. 전도하다가 하루도 빠지지 않고 동네에서 폐지를 줍는 할머니를 볼 수 있었다. 뼈밖에 없는 가녀린 몸으로 무거워 보이는 손수레를 날마다 힘들게 끌고 다니셨다. 하루 5시간 잠자는 시간을 제외하고 오직 폐지를 줍는다 하셨는데, 그 처지가 너무 불쌍하고 안쓰러웠다.

할머니를 전도하기 위해 날마다 인사하고, 말씀을 전하고, 기도해주고, 위로했다. 과거에 교회에 다녔던 분이라 기도도 잘 받고 아멘도 잘했다. 또한, 거짓으로 약속도 잘했다. 만날 때마다 주일에 교회 오시라고 하면, 정말로 간다고 약속하시며 기도를 받았다. 처음에는 나오실 것 같아서 한 달을 기대했지만, 두 달이 지나고 석 달이 지나도 교회에 오시지 않았다. 나는 화가 나고 힘이 빠졌다.

그러다 오기가 생겼다. 할머니가 교회에 안 오시면 교회 문을 닫을 심정으로 날마다 만나고 기도해주고 주일마다 오기를 기대했다. 아내는 포기하라고 했지만, 나는 한번 시작하면 끝을 봐야 한다고 하면서 날마다 지나가는 길에 기다렸다가 만나서 기도해주었다. 어떤 날은 일을 도와주기도 했다. 그렇게 6개월, 즉 180일이 지난 어느 주일, 폐지 줍는 할머니가 단정한 차림으로 교회에 앉아있었다. 나는 내 눈을 의심했다. 그날 설교를 어떻게 끝냈는지 기억이 안 난다. 예배를 마치고 어떻게 된 거냐고 물어보았다.

그러자 "전도사님, 그동안 저 때문에 고생 많으셨어요. 이젠 고생 안 해도 돼요."라고 말씀하셨다. 나는 그 말에 눈물을 흘렸다. 180일 동안 마음고생이 심했다. 그 후 할머니는 예배에 한 번도 빠지지 않고 교회를 섬기셨다. 주님 나라를 위해 일하면 새 생명이 열매로 얻어진다. 그 생명은 사망이 없는 영원한 것이다. 180번 전도한 일은 전혀 헛되지 않았다.

"거두는 자가 이미 삯도 받고 영생에 이르는 열매를 모으나니 이는 뿌리는 자와 거두는 자가 함께 즐거워하게 하려 함이라"(요 4:36)

17

성령충만하여 열정으로 교회를 개척했다. 안정적으로 목회
하기 위해 지금의 아내를 만나 결혼식을 서둘렀다. 결혼식 전
날에 정신없이 준비하며 바쁘게 움직였다. 자동차를 타고 나
오다가 유턴하려고 대기하는데 오토바이가 중앙선을 넘어 앞
지르다가 그대로 범퍼에 부딪히면서 넘어졌다.

자동차에서 내려 오토바이 운전자를 일으켜주며 상태를 물
어보았다. 고개를 끄덕이며 괜찮다고 해서 안도의 한숨을 쉬
며 바로 119로 신고했다. 구급차가 와서 오토바이 운전자는
곧바로 병원으로 실려 갔다. 조금 후 경찰차가 오더니, 교통
사고 신고가 들어왔으니 경찰서로 오라고 했다.

나는 오토바이 운전자가 신호위반을 했기에 조서만 쓰면 바
로 끝날 줄 알았다. 그런데 병원에 갔던 오토바이 운전자는

내가 중앙선을 침범하여 들이받았다고 진술했다는 것이다. 조금 전까지 나에게 미안하다고 사과했는데, 말을 바꾸어 나에게 잘못을 전가하는 것이 아닌가? 이럴 수가! CCTV도 없는데 억울하게 나를 가해자로 몰아가다니. CCTV 없는 사거리에서 목격자를 찾아야 교통사고에 내 잘못이 없다는 것을 밝힐 수 있을 것 같았다. 요즘 같은 시대에 누가 증언을 해주려 할지 암담했다. 마침 한 경찰관이 문을 열고 들어오면서 순찰차로 교통사고 현장을 지나가다가 사고 순간을 목격했다며 증언해주어 나는 위기에서 벗어날 수 있었다. 할렐루야.

나는 다음날 결혼식이 있으니 가봐도 되는지 물어보았다. 그러자 경찰서에 있는 모든 사람이 축하해주며 집에 돌아가 결혼준비 잘하라고 격려해주었다. 이렇게 갑자기 일어난 교통사고가 아무 문제 없이 극적으로 해결되어 하나님께 매우 감사했다.

목회하면서 경제적으로 어려운 형편을 아시는 하나님은 극적인 방법으로 내 편이 되어 주셔서 아무 일 없이 해결되었던 일들이 떠오르며 저절로 감사가 나오고 하나님의 은혜에 보답하고 싶었다. 무엇을 해야 할지 생각하다가 결혼식 준비보다는 하나님이 좋아하시는 일을 해야겠다고 마음먹었다. 전도지를 가지고 나가 교회 앞과 도서관 주변에서 나누어 주면서 전도하기 시작했다. 시간 가는 줄 모르고 정신없이 많은 사람과 대화하며 기도해주었다. 시간이 많이 흘러 어느덧 새벽이 되었다.

그러던 중 공무원시험을 준비하는 사람을 만났다. 대화를 나누면서 예수님을 전했다. 나의 간증도 들려주고 하나님을 만난 경험도 이야기했다. 그는 고개를 끄덕이면서 나의 말을 경청했다. 시간이 많이 흘러 그가 집에 안 들어가냐고 물었다. 벌써 새벽 3시가 넘었다고 했다. 잘 들었으니 나중에 기회가 되면 교회를 나가겠다는 말로 마무리하려고 했다. 나는 그에게 사실 그날이 나의 결혼식이 있는 날이라고 말해주었다. 그는 내 말에 놀라면서 왜 큰일을 앞두고 여기 있냐, 일찍 들어가서 결혼식 준비하고 잠도 자야 하지 않겠냐고 걱정해주었다.

나는 결혼식보다 지금이 더 중요하다고 했다. 그가 예수님을 믿고 구원받는 것보다 중요한 일은 없다고 했다. 물론, 결혼식도 중요하지만, 그가 교회 나가는 일이 나에게는 더 큰 일이라고 말했다. 그러자 정말 그날 결혼식 하는 것이 맞는지 다시 진지하게 물었다. 그래서 그날 전도하러 나온 것은 전날에 있었던 교통사고 때문에 감사해서 그런 것이라고 했다. 또한, 그를 만난 것은 하나님의 인도하심이라고 하면서 결혼식은 다음으로 연기하면 되고 이번에 못 하면 다음 해에 하면 된다고 했다. 그러하기에 그가 예수님을 영접하는 것이 더 중요하다고 했다. 그는 내 말에 감동하여 내 손을 잡아주면서 꼭 교회 나갈 테니 지금이라도 집에 돌아가서 결혼식을 준비하라고 했다.

그는 빈말이 아니라 정말 교회 간다고 약속하고 나에게 기도해달라고 했다. 나는 영접기도를 인도하고 안수기도까지 해주었다. 할렐루야. 한 영혼이 천하보다 귀하다고 주님은 말씀하셨다. 결혼식은 언제든지 할 수 있다. 그러나 영혼구원의 기회는 지금이며, 그는 새 생명으로 살아야 한다. 그것은 그가 영원히 사는 것을 의미한다.

"우리는 형제를 사랑함으로 사망에서 옮겨 생명으로 들어간 줄을 알거니와 사랑하지 아니하는 자는 사망에 머물러 있느니라"(요일 3:14)

18

아르바이트생의 예수님 영접사건

하나님을 인격적으로 만난 후 내 삶의 목적은 오직 복음을
전하는 전도자로 살아가는 것이었다. 지금까지 몇 명을 전도
했는지 잘 모르겠다. 그 당시에 아파트 인터넷 지역광고업을
하면서 아르바이트를 할 대학생들을 모집했다.

매주 월요일에도 쉬지 않고 직장 신우예배를 드렸다. 아르
바이트생들은 교회에 안 다녀도 자연스럽게 예배드리고 식사
했기에 종교에 대한 반감을 크게 보이지 않았다. 기도할 때마
다 그들이 잘되기를 축복했고, 부모의 건강을 위해 기도해주
면서 따뜻하게 대했기 때문이었다.

어느 날, 신입 아르바이트생이 들어왔다. 기존 아르바이트
생들은 전도를 받아 교회에 다니고 있었다. 그중 몇 명은 목
동에 있는 감리교회에 같이 다녔다. 신입 아르바이트생은 안
경을 낀 얼굴로 좀 까칠해 보였다. 그에게 교회에 다니는지

물어보니, 안 다닌다고 했다. 그래서 월요일에 직장예배를 드리는 데 참석할 수 있냐고 물어보았다. 그는 나쁘지 않은 것 같다고 했다. 나는 기회다 싶어 아르바이트생 중에 가장 예쁜 자매에게 주일에 그를 교회에 데리고 가라고 부탁했다. 자매는 그가 안 따라올 것 같다고 했다. 그래서 그건 내가 알아서 할 테니 만나서 데리고 가면 된다고 했다. 내게는 작전이 있었다.

나는 그 청년에게 그 주일에 교회에 가면 근무로 인정하고 시급을 준다고 했다. 그리고 그가 호감을 느끼고 있던 자매가 다니는 교회에 함께 다녀오라고 했다. 그는 잠시 생각하더니, 나쁘지는 않으니 교회에 가본다고 했다. 나는 그 말에 '오케이, 나머지는 주님이 하시겠지.'라고 생각했다.

월요일이 되자 궁금했다. 그런데 그가 보이지 않았다. 결근한 것이었다. 그래서 아르바이트생들에게 물어보았다. 그가 주일에 교회에 나왔는지 묻자, 그 자매가 그를 만나서 교회에 같이 왔다는 것이었다. 그리고 교회 분위기가 좋다면서 새신자로 등록했다는 것이었다. 오, 할렐루야. 그런데 왜 그가 결근한 걸까? 저녁이 다 되어 그에게서 전화가 왔다. 미안하다는 것이었다.

계속 일을 하지 못할 것 같다고 했다. 내가 무슨 일이 있냐고 물으니, 학원에 등록했다는 것이다. 그의 집은 제법 잘살고 부유한 가정이지만, 뭔가를 배우려고 아르바이트를 지원한 것이었다. 부모님 몰래 아르바이트하러 다니려고 했다가, 앞으로 교회에 잘 다니려면 부모님과 타협해야 하기에 어쩔 수 없이 공부를 선택했다는 것이다.

부모님은 교회 나가는 것을 허락할 테니, 대신 공부를 열심히 하겠다는 약속을 하라고 했다. 그래서 교회를 다니려면 공부를 열심히 해야 하고, 공부를 잘하기 위해서는 학원에 다녀야 하기에 일을 하러 나오지 못한다는 것이었다. 나는 당연히 아르바이트는 대수가 아니니 안 해도 된다고 했다. 하나님이 그를 얼마나 사랑하시는지, 그리고 그의 가정이 모두 구원받을 거라고 하면서 기뻐했다. 그는 나를 잊지 못할 거라고 했다. 너무 잘해주어서 감사하다고 했다. 구원은 특별한 선물이다. 그 선물은 영원한 기쁨이다.

"예수를 너희가 보지 못하였으나 사랑하는도다 이제도 보지 못하나 믿고 말할 수 없는 영광스러운 즐거움으로 기뻐하니 믿음의 결국 곧 영혼의 구원을 받음이라"(벧전 1:8,9)

19
무속인 전도

　신학교 때는 학기마다 전도대회가 있었다. 1학년과 4학년이 팀을 이루고 조를 나누어 전도하게 된다. 1학년과 4학년이 한 팀을 이루어 나가니, 1학년은 조금 긴장하게 되고 4학년은 군대 병장급 선임이 되어 갑질을 하게 된다. 그만큼 아는 것으로 지시하며 자신을 내세우게 되는 것이다.

　전도대회는 한 교회로 가서 그 지역을 나누어 노방전도를 하는 것이다. 일사불란하게 움직이고 비신자의 전화번호도 적어 와야 한다. 마지막 전도대회는 4학년에 있다. 나는 교회를 개척하여 목회하고 있었기에 봉사에서 제외해달라고 했지만, 영성 점수를 채우지 못하면 졸업을 못하기에 어쩔 수 없이 참여해야 했다.

　나는 광명시에 있는 K순복음교회 지역으로 나가게 되었다. 인천에서 늦게 출발하여 팀에 합류했다. 우리 조는 부침개를 나눠주며 전도하고 있었다. 매우 노릇노릇하게 부쳐진 게 냄새도 먹음직스러웠다. 부침개 몇 장을 가지고 1학년 후배와 어느 동네를 다니다가 너무 힘들어서 어떤 건물 1층에 있는 무당집에 들어갔다.

웬만해서는 혼자 들어가지 않는데, 옆에 1학년 후배가 있다 보니 4학년의 경험과 위세를 좀 보여주고 싶었다. 무속인이 있는 집은 아무나 전도하려 하지 않기에 평소처럼 닥치는 대로 들어가는 것과는 다르다.

문 앞에서 "계세요?" 하고 들어가자, 한복을 입은 무속인 아주머니가 앉아서 나를 노려보았다. 분위기가 장난이 아니었다. 많은 우상이 세워진 신당도 보였다. 무슨 일로 왔냐고 물어보길래, 전도하러 온 신학생인데 부침개 몇 개 가지고 왔으니 맛을 한번 보라고 권했다. 그러자 나를 노려보더니 들어와서 앉으라고 했다.

1학년 후배와 함께 방에 앉았다. 무속인 아주머니는 커피를 타가지고 오더니 나에게 "보통 예수 믿는 사람은 아무나 여기에 오지 않는데, 총각은 보통 신기가 있는 게 아니구먼."이라고 말했다. 나도 지기 싫어서 "나를 알아보는 것을 보니, 아주머니도 장난이 아니시네요."라고 했다.

서로 경계하면서 말을 주고받았다. 이번에는 내가 먼저 "일단 부침개가 식으니까 감사 기도하고 먹어요."라고 했다. 그러자 무속인 아주머니는 "꼭 기도해야 하는가?"라고 물어보길래 "그럼요. 하나님이 주신 것은 무엇이든지 기도하고 먹어야 합니다."라고 했다. "제가 대표로 기도할게요."라고 말하고 식사기도를 아주 거창하게 했다. 여기 온 것은 모두 하나님의 뜻이라는 것과 무속인 아주머니를 축복해달라고 하며 좋은 말을 다 꺼내어 순복음식으로 뜨겁게 기도했다. 기도가 끝나자, 무속인 아주머니가 나의 기도에 감동한 것 같았다. "총각은 기도도 정말 잘하네."

나에게 왜 이 어려운 길을 가려고 하냐며 안쓰러워하는 눈빛으로 묻자, 나도 사실 가고 싶지 않은데 너무 많은 은혜를 받아서 안 갈 수가 없다고 했다. 한 생명 살리는 길인데 너무 귀한 일 아니겠냐고 설명해주었다. 그러자 나보고 사명이 있어 보인다고 칭찬해주었다. 나는 아주머니가 무당 일은 가짜인 줄 알면서 왜 하냐고 거침없이 말했다. 그랬더니 사실 자기 자녀들은 교회에 나간다고 했다. 자녀들이 무당이 될까 봐 교회에 보내고 있다고 했다. 그러면서 누구에게도 말하지 말라고 신신당부했다.

나는 아주머니에게 부적을 팔아서 먹고살지 말고 다른 길을 가라고 했다. 그랬더니 자신도 그렇게 하려고 하지만, 자녀들의 인생이 안 좋게 되고, 또 먹고살 것이 없어 어쩔 수 없다고 했다. 나는 무속인이었다가 교회 와서 은혜받고 목사님이 된 사람이 있다고 말했다. 아주머니는 자기를 전도하려 하지 말라고 하면서 다 먹었으면 가보라고 했다. 그리고 교회 사람들에게 자신을 보면 마귀나 사탄이라고 손가락질하지 말라고 전해달라고 했다. 자신은 마귀가 아니라는 것이다. 어떤 사람들은 자기의 문 앞에서 "예수의 피! 예수의 피!" 하면서 지나간다고 했다. 그럴 때마다 기분이 안 좋고 괴롭다고 했다.

나는 아주머니에게 생계를 위해 부적을 팔지 않고 다른 일을 하게 해달라고 기도해도 되겠냐고 물었다. 아주머니가 좋다고 해서 동료와 통성으로 기도한 후 내가 대표로 마무리 기도를 했다. 기도를 은혜롭게 마치고 나왔다. 아주머니가 불쌍했다. 영혼이 죽는다는 것은 이런 것이 아닐까. 자신이 가는 길이 잘못된 것을 알면서도 가야 하는 것이 무엇인지 알 것 같았다. 한 영혼, 한 영혼을 전도할 때 목숨을 걸고라도 주님께 인도하는 것이 사명인데, 지금의 내가 너무 부족하게 느껴졌다.

하지만 한 영혼을 진심으로 대하고, 예수님을 닮은 사랑이 그 마음에 전달될 때, 성령님의 깊은 은혜가 강물처럼 흘러갈 것으로 믿는다. 아주머니는 나에게 교회에 한 번 나가보겠다고 약속했다. 자신을 찾아와줘서 고맙다고 했다. 할렐루야.

"자녀들아 너희 자신을 지켜 우상에게서 멀리하라"(요일 5:21)

20
삶의 전도

교회를 개척하고서 목회의 '목' 자도 모르는 병아리 같은 시절이 있었다. 영혼을 구원하자는 신념과 천국의 소망만 가득했다. 누구의 눈치도 보지 않고 전진 또 전진하는 믿음의 길이였다. 어느 날, 교단에서 진행한 순복음 전국교역자 수련회에 참석했다. 장소는 먼 지방에 있는 리조트였고, 기간은 1박 2일이었다.

리조트로 가는 중에 북한의 김정일이 사망했다는 충격적인 뉴스를 들었다. 북한의 정권이 새롭게 바뀌길 간절히 소망했던 특별한 날이었다. 리조트에 도착했고, 전국교역자 수련회가 진행되었다. 여러 세미나를 감명 깊게 들었다. 수련회에는 특별한 것이 있었다. 리조트에서 스키를 무료로 즐길 수 있었던 것이다. 태어나서 한 번도 타본 적 없는 스키를 탈 기회가 있었다. 스키를 타기 위해 줄을 섰다. 줄이 둘로 길게 이어져 있었다. 내 옆에는 어느 중학생이 있었다.

그 학생에게 하나님의 섭리가 있는 것 같았다. 나는 자연스럽게 말을 걸었다. 그 순간 느껴지는 것이 있었다. 스키를 처음으로 타려고 그 자리에 있었던 것이 아니었다. 학생을 전도하기 위해 줄을 선 것이었다. 학생에게 나의 간증과 하나님이 살아계신다는 이야기를 들려주었다. 중학교 2학년 남학생이었는데, 어릴 적에 교회에 다닌 적이 있었지만 지금은 교회에 다니지 않는다고 했다. 가정문제로 고민하는 사춘기 친구였다.

나는 축복하며 기도해주고 예수님을 영접하도록 했다. 또한, 안아주면서 금방 친해졌다. 학생은 나에게 그 주일부터 교회에 다니겠다고 약속했다. 잠깐의 시간 속에서 예수님의 구원과 은혜를 말하고 전할 수 있음에 감사했다. 내가 서 있는 곳에서는 언제나 복음을 전할 수 있다는 것과 하나님의 살아계심을 느꼈다. 세상의 무엇도 하나님의 은혜와 영광의 기쁨을 대신할 수 없다. 전도서도 세상이 헛되고 헛되다고 강조한다. 어떤 자리라도 하나님의 영광이 나타난다. 우리는 그 영광 속에서 빛을 비추며 살아야 한다. 할렐루야.

"하나님이여 주는 하늘 위에 높이 들리시며 주의 영광이 온 세계 위에 높아지기를 원하나이다"(시 57:5)

21

목회하기 시작한 지 3년이 지난 어느 날이었다. 금요 철야 예배가 끝났을 때 갑자기 교회 위층에서 수도관이 터졌다. 천장이 주저앉고, 모든 성구와 음향기기와 사택에 있는 생필품까지 피해를 보았다. 도저히 복구가 안 되었다. 건물주에게 연락했지만, 피해보상을 제대로 해주지 않았다. 정말 이해할 수 없었다. 한 살 밖에 안 된 아기 때문에 때아닌 한파를 더는 견디지 못했다. 몇 안 되는 교인을 주변 교회로 보내고 연고지 없는 서울 신길동으로 급하게 이사해야 했다. 보증금이 없어서 선월세를 주고 두 달에 걸쳐 보증금을 주기로 약속하고 방을 얻었다. 하지만 당장 생필품을 사는 것과 생활하는 것이 막막했다. 20대 시절에 잘 다녔던 Y제과의 동료를 찾아가서 사정을 이야기하니 추천해주어서 겨우 취직을 했다.

입사한 후 내가 목회자라는 사실을 숨겼다. 하지만 돈을 좇아가는 동료들에게 복음을 전하지 않을 수가 없었다. 한 사람씩 복음을 전하자, 나중에는 내가 목회자라는 것을 직원들 모두 알게 되었다. 그리고 핍박이 심해졌다. 내가 나이도 많고 목회자이니 불편하다는 것이다. 어떤 동료는 내가 회사를 그만두었으면 좋겠다고 노골적으로 말하기도 했다.

고소득 영업직이라 3개월 만에 보증금 문제가 해결되었다. 그리고 하나님과의 대화를 시작했다. 교회 문을 닫게 된 것은 정말 이해가 되지 않았다. 부흥이 일어나고 동네 인심도 점점 좋아지던 차에 이런 일이 일어나니 정말 하나님이 계실까 하는 원망과 불평이 한꺼번에 쏟아졌다. 하나님의 응답을 듣고 싶었다. 시위 아닌 시위를 하고 싶었다. 하나님께 왜 교회를 문 닫게 하셨는지 따지고 싶었다. 얼마 전 모 방송국에서 800만 원 상당의 인테리어 공사를 후원해주기도 했다. 간암 말기 환자가 치유되는 기적이 일어나기도 했다. 그런데 기적과 은혜를 부어주시고서는 왜 교회를 문 닫게 하셨는지 도저히 이해가 안 됐다. 결단하고 집 근처에 있는 교회에 새벽예배를 드리러 갔다.

기도할 때 눈물이 계속 나왔다. 슬프고 억울했다. 하나님을 원망했다. 계속 기도하던 중 '그 교회의 주인은 네가 아니다. 그만 울어라. 그 교회는 내 교회다.'라는 말씀을 들었다. 나는 눈물을 폭포수같이 쏟다가 즉시 멈추었다. 그리고 '맞다. 교회가 어떻게 내 것인가? 교회는 하나님의 집이다. 예수님이 교회의 주인이시다.'라는 생각이 들었다. 하나님의 사인(sign)이었다.

더는 눈물을 흘릴 필요가 없었다. 하나님의 계획이 있다고 느꼈다. 나는 언젠가 3년만 목회하도록 해달라고 기도한 적이 있다. 혹시 그 기도가 이루어진 것이었을까? 하나님은 나를 사도 바울처럼 전도자로 쓰신다고 했다. 목회자로 부르신 것은 아닌 것 같았다.

눈물을 닦고 바로 일어섰다. 그리고 하나님 앞에서 "제가 사역자로 훈련받고 있으니 마지막으로 임금을 받지 않고 하나님의 일을 하겠습니다."라고 믿음의 결단을 했다. 그 후로 1년 동안 어려운 선교회와 직장선교회 사역을 무임금으로 섬겼다. 물론 아내에게는 한 번만 더 고생하면 다시는 무임금으로 사역하지 않겠다는 약속을 하고 다짐했다. 그렇게 1년이 지나면서 수개월 치 월세를 못 내다가 보증금까지 모두 소진했다. 우리 가정은 서울 양천구 신월동으로 이사해야 했다. 비행기가 머리 위로 가장 낮게 지나가는 곳이라 소음공해가 매우 심한 곳이었다. 그래서 그런지 집값이 서울에서 가장 쌌고, 월세도 매우 쌌다.

그렇게 해서 15만 원짜리 지하 월세방으로 이사했다. 그 동네 하늘에는 매일 비행기들이 지나가 고막이 찢어질 것 같았다. 생활비와 쌀이 없어 더는 견디기 힘들어 큰 마트에 취직했다. 월급 200만 원을 받고 14시간을 일하는 곳이었다. 처음에는 다리가 끊어지듯 아팠지만, 몇 개월 지나니 적응하여 아프지 않았다. 내가 목사라는 것을 모두 아는데, 채소 담당이던 나는 평소처럼 마이크를 잡고 설교하는 것이 아니라, "시금치, 오늘만 천 원에 드립니다. 지금부터 10분 동안 천 원, 천 원!" 하며 외치고 있었다.

그렇게 몇 개월이 지났다. 식사 후 휴게실에서 잠을 자려고 하는데, 하나님께서 나에게 찾아오셨다. 내 마음에 '너는 200만 원 받으려고 14시간 일하는데, 나를 위해 하루라도 14시간 일해 봤느냐?'라고 하셨다. 갑자기 눈물이 났다. 나 자신이 한심스럽고 처량하게 느껴졌다. 주님이 주신 은혜가 너무 감사해서 모든 사업을 정리하고 신학교에 다니고 목사가 됐는데, 지금 내 처지가 아무리 어려워도 이건 아니지 않나 하는 생각을 하게 되었다.

맞다. 그러고 보니, 하루에 14시간을 온전히 주님을 위해 일해본 적이 없었다. 하나님께 너무 죄송했고, 내 자신이 부끄러웠다. '안 되겠다. 이제는 그만둘 때가 된 것 같다. 일을 그만두어야 하겠다.' 하고 다짐하면서 이런 생각이 들었다. 그동안 많은 사람과 정이 들었고, 갑자기 그만두면 같이 일하는 동료들이 힘들어질 터였기에 내가 목사라는 것을 아는 동료들에게 나 때문에 하나님의 영광이 가려지는 건 아닌가 하는 생각이 들었다.

그러나 나는 '마트에서 일하는 업체 중 채소와 과일 파트가 가장 힘들고 피곤하다. 누가 이 일을 하러 오겠나. 그래 그럼 내가 목사니까 종교 활동을 지나치게 하면 그만두라고 하겠지.'라고 생각했다. 그래서 다음날부터 작정하고 사람들을 전도하기 시작했다. 거침이 없었다. 완전 사도행전의 사도들처럼 복음을 전했다.

그 마트는 교대 직원들까지 모든 업체 사람들이 판촉직원으로 파견 나온 곳이었다. 청소하는 이들까지 합하면 157명이라고 들었다. 그럼 이들을 목표로 전도하면 되는 것이었다. 한 사람도 빠짐없이 만나서 전도할 작정이었다. 승강기, 식사 후 커피 마시는 곳, 그리고 시간 외 일을 할 때는 매장 어디서든 복음을 전했다. 주로 내 간증을 이야기해주었다.

내가 강력하게 하나님을 만난 것을 이야기해주고 하나님은 살아 계신다는 것을 말해주었다. 무조건 전도했고, 무서울 것이 없었다. 오히려 복음을 전할 때 가슴이 뜨거워지는 것을 느꼈다. 그리고 그들을 생각하면서 진심을 전했다. 진정 예수님처럼 사랑으로 전했다. 그들과 함께 아파하면서 위로했다. 그들을 위한 전도는 영혼구원의 사랑이었다. 그렇게 내 진심이 들어가자, 기적 같은 일들이 일어나기 시작했다.

종교 활동을 하여 윗사람들에게 일을 그만두라는 말을 들으려 했는데 전도가 하나님의 능력으로 정말 잘 되었다. 예전에 대화했던 여사님은 "사실 저는 집사였고, 지금은 일 때문에 교회에 안 다니고 있어요. 미안해요, 목사님."이라고 자백하고 회개했다. 그리고 결혼을 앞둔 어떤 청년에게 계속 복음을 전했더니, "목사님, 저 이제 교회 다녀요. 우리 집 근처에 있는 교회에 다니기 시작했어요. 이게 모두 목사님 덕분입니다.

감사합니다."라고 인사했다.

　여자 직원들을 관리하는 리더는 가장 까칠한 사람이어서 전도하면 많은 영혼을 인도하는 전도자가 되지 않을까 하여 『예정』이라는 책을 구입해서 전해주었다. 과거에 불교의 경전까지 연구했던 서우경이라는 코칭 전문가가 십자가를 보고 예수님을 만난 기적의 사건을 쓴 간증 책이다. 그 책을 선물하면서 한번 읽어보라고 했다. 그는 책을 읽어보고 너무 좋다고 했다.

　모든 사람에게 복음을 전했고, 그들이 복음을 받아들이는 놀라운 일이 일어났다. 그리고 얼마 후 부활절이 다가와 달걀 150개에 예쁜 스티커를 붙여서 모두 나누어주었다. 마트에 있는 모든 사람이 기뻐했다. 가장 기뻤던 일은, 매우 까칠한 사람으로 항상 욕을 달고 살았던 채소 팀장이 자기 어머니가 돌아가시면 아내와 함께 교회에 다닐 거라고 말한 것이었다. 자신이 종손인 데다 어머니가 제사를 목숨처럼 중요하게 생각하는 분이라, 현재는 교회에 다니는 것이 어렵지만, 어머니 연세가 많으니 곧 돌아가시면 아내와 함께 교회에 다닐 거라고 약속했다.

더는 다닐 수 없어서 그만두려고 했는데 후임자가 들어오지 않았다. 할 수 없이 아르바이트 직원을 구하는 광고를 하여 직접 뽑아 인수인계하게 되었다. 조금 웃겼던 것은, 그가 나를 높은 사람인 줄 알았다는 것이다. 어떻게 아르바이트 직원이 아르바이트 직원을 채용할 수 있냐고 했다. 내가 직접 광고를 올렸냐고 해서 그랬다고 하니 정말 대박이라고 했다. 나는 사업했던 사람이라, 구인광고를 내고 면접하여 직원을 뽑는 것은 매우 쉽게 할 수 있었다. 그 소문이 마트에 다 퍼져서 역시 목사님은 다르다며 전설 같은 이야기가 되어버렸다.

하나님이 은혜를 주셨으니, 그들을 인도할 주변의 건강한 교회를 찾게 해달라고 기도했다. 그런데 주변의 교회들은 미약했다. 계속 전도할 수 있는 교회가 없었다. 마트에 예배처가 생기게 해달라고 기도했다. 마침 기적 같은 일이 일어났다. 조합장 선거가 있었는데, 조합장 선거는 국회의원 선거처럼 공약도 했다. 높은 자리였는지, 한참 선거운동을 하여 조합장을 선출했다. 내가 마트에서 일을 그만둘 즈음 조합장이 한 교단의 장로가 되었다. 그가 신우회를 조직하고, 예배처를 만들고, 예배를 드린다는 소식을 들었다. 모든 것이 하나님의 은혜였다.

복음은 살아있다. 영혼구원은 하나님의 전적인 능력이다. 나는 우리가 복음을 전하면, 복음을 들은 영혼은 하나님이 책임지신다는 것을 알게 되었다.

> "내가 복음을 부끄러워하지 아니하노니 이 복음은 모든 믿
> 는 자에게 구원을 주시는 하나님의 능력이 됨이라 먼저는
> 유대인에게요 그리고 헬라인에게로다"(롬 1:16)

22
대리운전 고객의 회심

  교회를 그만두고 여러 무임금 사역을 감당했다. 그러다 보니 기초생활비가 부족해 가정을 꾸려 나갈 수가 없어 기도했다. 그러던 중 청년시절에 교회에서 알고 지낸 형제를 만났다. 형제는 대리운전하면서 생각보다 많은 돈을 벌고 있었다. 몇 년 동안 일을 계속 해왔기에 나름의 노하우가 있었던 것 같다. 나도 그에게 대리운전 일을 가르쳐달라고 했다. 그전부터 해보고 싶었던 일이었다. 저녁에 하는 일이라 시간에 쫓기지 않고 다른 아르바이트처럼 매이지 않아도 되기에 시간의 여유가 있다.

  또한, 인터넷으로 사회복지사 자격증 취득을 목표로 공부하고 있었기에 수업료를 벌어야 했다. 나는 그 형제를 통해 대리운전 회사에 등록하고 어플을 설치하고서 바로 일을 시작했다. 일을 시작하기 전에 형제에게 여러 궁금한 것을 가르쳐달라고 하고 하루 동안 교육받았다. 교육을 받던 중 나는 대리 운전을 하면서 전도해도 되냐고 물어보았다. 형제는 종교행위를 하면 안 된다고 단호하게 말했다. 고객이 회사에 고발하면 즉시 퇴사처리 되고 문제가 생긴다는 것이었다.

　나는 대리 운전을 하게 되면서 '아, 대리운전은 TV에서 보던 것처럼 비서같이 예의를 가지고 해야 하나 보다. 세상일 하는데 복음을 전하지 못하면 하나님 앞에서 무슨 양심으로 설 수 있겠는가. 이왕 시작하는 것이니, 조금 하다가 전도가 안 되면 그만두지 뭐.'라고 생각했다. 아무리 힘들고 생활이 어려워도 받은 은혜가 정말 크고 하나님의 살아계심을 믿기에 복음을 전하지 않을 수가 없었다.

　친절한 (업체의, 지인의) 도움을 받아 대리운전을 시작했다. 술 마시고 대리운전 기사를 부르는 사람들이 행패를 부릴까봐 걱정됐지만, 행패를 부리거나 시비 거는 사람은 없었다. 술을 마셨는지 모를 정도로 한두 잔 마시고 단속 때문에 대리 기사를 부르는 사람들이 많았고, 특히 여성 손님들이 많았다. 그들은 예의 바르게 대해주었기에 정신적인 스트레스를 주지 않았다. 다만, 몹시 추운 겨울에 전혀 모르는 신도시나 외진 곳으로 갈 때는 고생이 심했다. 이렇게 한 달이 지나갈 즈음 여유가 생기고 수입이 늘어나기 시작했다.

어느 날은 40대 여성의 자동차를 운전하게 되었다. 그녀는 술을 많이 마시지는 않은 것 같았다. 당시만 해도 운전할 때는 손님이 말을 걸어야 간단히 대답하고 그 외에는 조용히 운전만 했다. 그날은 그녀가 밤에 운전하는데 피곤하지 않냐고 물어보아서 피곤하지 않다고 대답했고, 공부하는 것이 있어서 학비를 벌려고 나온 거라고 말했다.

그 말에 그녀는 고생이 많다고 하면서 열심히 사는 모습이 좋다고 칭찬해주었다. 그리고 나의 진짜 직업이 무엇이냐고 물었다. 나는 사실 목사인데, 현재 목회는 하지 않고 대학원 공부와 사회복지사 시험을 준비하고 있다고 했다. 그녀는 놀라면서 "목사님이세요? 너무나 죄송해서 어쩌나."라고 했다. 나는 당황해서 왜 그러는지 물어보았다. 그녀는 형편이 어려운 목사님들이 대리운전한다는 이야기를 들었다고 했다.

그녀는 자신이 교회를 다니는 집사이며, 이번에 회사에서 승진시험이 있었는데 다른 동료에게 밀려서 너무 낙심하자, 직원들이 위로해준다고 하여 한잔 마셨다고 했다. 그러면서 "목사님, 죄송하게 되었어요. 제가 하지 말아야 할 짓을 하니 하나님께서 목사님을 만나게 하셨나 봅니다."라고 작은 목소리로 말했다. 그녀는 계속 미안하다고 했다. 나는 그녀에게 내가 어려운 일을 당하여 힘들 때는 세상 방법으로 해결해보려고 했지만, 다 부질없었고 오히려 기도하고 하나님께 매달렸더니 그때마다 하나님께서 은혜를 주셨다고 말해주었다.

장거리 운전이었기에 그녀에게 내 간증을 들려주었다. 신학교 등록금이 없을 때 하나님이 사람을 통해 물질을 해결해주신 것을 말했다. 그리고 산에 기도하러 갔을 때 모든 동료가 날씨 때문에 오지 않아서 길을 잃었다는 것과 그때 어떤 여성 목사님을 극적으로 만나 정상까지 함께 올라가서 기도하고 내려오면서 간증을 듣고 하나님은 정말 살아 계신다는 것을 느꼈던 것을 들려주었다.

그녀는 여러 간증을 들더니 "하나님이 목사님을 저에게 보내셔서 말씀으로 위로하시고 또 술 마신 것을 회개하게 하시니 정말 감사하네요."라고 말했다. 그리고 아이가 교회에 정착하지 못하고 아직 믿음이 없다고 했다. 아이가 교회에 다니면서 신앙생활을 잘했으면 좋겠다고 하면서 어떻게 하면 좋을지 물었다. 나는 남편도 교회를 다니고 온 가족이 예수님을 믿으니 가정예배를 드려보라고 권했다. 담임목사님이 가정을 심방하는 것도 좋지만, 가족이 성경을 펴고 신약부터 한 장씩 읽으면서 가장 은혜로운 성경구절을 메모지에 적고 그것이 왜 마음에 가장 와닿는지 서로 나누라고 했다.

그녀는 매우 좋아했다. 항상 자기 가족이 언제 가정예배를 드릴까 고민했는데 이제야 결단할 마음이 생겼다고 하며 기뻐했다. 그리고 성경을 한 장씩 읽는 것이 매우 좋을 것 같다고 하며 설교하는 것이 아니기에 남편도 함께 할 수 있을 것 같다고 했다. 나는 예배는 형식으로 드리는 것이 아니라 마음으로 드리는 것이며, 성경을 읽는 것도 예배라고 말해주었다.

그녀의 집에 도착하자, 그녀는 나에게 10만 원을 주었다. 내가 대리운전 비용은 3만 원인데 왜 이렇게 많이 주느냐고 하자, 그녀는 나에게 주는 것이 아니라 하나님께 헌금하는 것이라고 했다. 그녀는 내가 하나님의 일을 하니 그 돈을 받으라고 하며 자신을 위해 기도해달라고 했다. 나는 짧게 그녀의 직장을 위해, 그리고 그 가정이 예배를 드리도록 축복하며 기도했다. 그날 나는 대리운전이 아니라, 심방하며 사역하고 나온 기분이었다. 하나님은 이 부족한 종에게 살아계심을 보여주셨다. 그날은 하나님께 감사드리고서 일찍 귀가했다.

그 후 나는 대리운전을 하면서 열심히 복음을 전했다. 어떤 청년은 교회를 다니지 않았는데 나의 간증을 듣고 눈물을 흘리며 예수님을 영접했다. 어떤 남자는 경찰 공무원으로 강력계 형사였는데, 나와 신앙상담을 한 후에 경찰신우회 강사로 나를 초청하기로 했으나 나는 그 부탁을 정중히 거절했다. 대리운전은 나에게 또 다른 사역이었고, 복음을 전하는 통로였다. 때가 되어서 대리운전을 그만두었지만, 이 세상에서는 언제든지 어느 자리에서든지 복음을 전할 수 있다. 돈이 없고 형편이 어렵지만, 주님은 나의 형편을 아신다. 형편이 어려운 것은 하나님 앞에 부끄러운 죄가 아니다. 오히려 복음을 전할 수 있는데 전하지 않는 것이 부끄러운 죄다.

"내가 복음을 전할지라도 자랑할 것이 없음은 내가 부득불 할 일임이라 만일 복음을 전하지 아니하면 내게 화가 있을 것이로다"(고전 9:16)

23
길 가던 아이에게 예수 사랑을 전함

목회할 때는 신학생의 신분이었고, 목사가 되기 위해 훈련 받는 중이었기에 언제나 전도를 열심히 했다. 청년시절에 전도구역장으로 섬겼다. 전도를 쉬지 않았다. 전도는 내 삶이었다. 성경에는 나중 된 자가 먼저 된다는 말씀이 있다. 모태신앙인이었지만, 20년 동안 하나님을 떠나 살아온 죄인의 삶에서 하나님을 다시 인격으로 만나 거듭나고 난 후 내 안에는 사명감으로 채워졌다. 그때까지 살아온 것들은 내 머리에서 지워지고 오직 복음만이 채워져 있었다. 예수님이 나를 구원하시기 위해 십자가에서 죽으신 은혜는 갚지 않으면 안 되는 일이 되어버린 것이다. 나는 거룩한 의리를 지키며 살아가야 한다는 마음 뿐이었다.

사람들이 구원의 은혜를 받고도 전도하지 않는 이유를 생각해보았다. 그러나 다른 이들이 어떠하든지 나에게는 예수님의 은혜를 갚아야 할 짐이 있었다. 나 같은 죄인, 쓰레기 같은 인생을 새사람으로 만들어 주시고 새 삶을 살게 해주셨기에, 나는 나 같은 죄인을 구원하기 위해 오늘도 전도하러 나간다.

어느 날은 점심 시간 후에 교회 주변에 있는 아파트와 주택가 골목을 다니며 전도지를 나누어주었다. 그때 머리를 노랗게 염색한 아이가 눈에 들어왔다. 그의 주변에는 어린 학생들이 있었다. 한눈에 봐도 학교에 안 다니는 비행 청소년들이었다. 그들을 보자 나의 청소년 시절이 떠올랐다. 나는 동네 친구들과 항상 배회했다. 길거리에서 담배를 피웠다. 성인같이 보이려고 정장 재킷과 기지 바지를 입고, 구두를 신었다. 머리는 파마나 염색을 해서 학생같이 보이지 않게 했다. 그래서 나에게 뭐라고 하는 사람이 없었다. 이런 학생들을 보면 마치 내 방황하던 청소년기를 보는 것 같아 복음을 전하고픈 마음이 끓었다.

그들에게 다가가서 복음을 전했다. 형이나 삼촌처럼 다정하게 말했다. 소통하기 위해서 먼저 공감할 만한 이야기를 꺼냈다. 호감을 사기 위해 전도지와 과자를 주고, 음료수와 아이스크림도 사주면서 이야기했다. 어느 정도 이야기한 후 아이들에게 간증을 들려주었다. 간증을 듣자, 대장같이 보이는 노랑머리 아이가 말했다. 자신을 가장 아껴주고 보살펴주는 한 작은 교회 전도사님 때문에 교회를 다녀보았다고 했다. 그 전도사님은 진짜 사랑이 많고 좋은 분이었는데, 나를 보고 그 전도사님과 비슷한 것 같다고 하면서 자신을 위해 기도해달라고 했다. 일주일 후 자신은 교도소에 가야 한다는 것이었다. 아버지가 자신을 교도소에 보내려고 한다고 했다. 교도소에 가기 싫지만, 지금 상황은 재판이 거의 확정된 것 같다고 했다.

나는 "어떻게 아버지가 아들을 교도소에 보낼 수 있어요? 그것이 말이 돼요? 얼마나 큰 잘못을 했기에 그래요? 그건 있을 수 없는 일이예요."라며 이유를 물었다. 아이는 늘 싸움하고 남의 물건을 훔치고 사고를 치다가 이번에는 어떤 사람의 자전거를 훔치는 것을 아버지에게 걸려서 신고당했다는 것이다. 아이는 아버지가 자신을 용서하지 않으며 교도소에 보내서 정신 차리게 하려 한다고 했다. 경찰서에서 몇 번 조사받고 현재 재판 중인데 아무래도 소년원에 갈 것 같다고 했다.

증거가 불충분해서 풀려나긴 했지만, 재판에서 확정되면 감옥생활을 해야 한다고 했다. 아이는 교도소에 안 가도록 기도해달라고 했다. 아버지가 얼마나 속이 상하면 그 정도로 포기했을까 하는 생각이 들었다. 그래도 아직 성인이 아닌데 교도소에 보낸다는 것은 지나쳐 보였다.

나는 아이에게 기도해줄 테니 나하고 약속 하나 하자고 했다. 무슨 약속이냐고 묻는 아이에게, 하나님께 기도해서 교도소에 안 가게 되면 우리 교회에 한번 오라고 했다. 아이는 이번 사건은 예전의 범죄와 달라서 무조건 교도소에 갈 것 같지만, 만약 안 가게 되면 교회에 무조건 오겠다고 약속했다. 나는 아이를 끌어안은 채 울면서 하나님께 기도드렸다.

"하나님께서 이 아이를 불쌍히 여기셔서 나를 만나게 하셨으니 계획이 있으신 줄 믿습니다. 이 아이가 새롭게 주님을 만날 기회를 주십시오. 그리고 아이 아버지의 상한 마음을 치유해주십시오. 이 아이가 우리 교회에 나온다고 하나님과 저에게 약속했습니다. 놀라운 기적을 베풀어주십시오. 그리고 아이의 친구들에게도 구원의 은혜를 베풀어주십시오. 예수님의 이름으로 기도드립니다. 아멘!"

아이의 친구들은 우리 교회 주변에 살지 않았다. 그래서 집

에서 가까운 교회에 다녀보라고 권면한 다음 헤어졌다. 하나
님은 이렇게 교회 주변에서 탈선한 학생들을 만나게 해 주셨
다. 교회 주변에는 한부모 가정의 자녀들이 많았다. 부모들이
이혼하니 예민한 사춘기에 아이들이 탈선했다. 함께 술 마시
고, 담배 피우고, 성관계를 너무 쉽게 하는 아이들에게 누구
도 관심을 두지 않는 것이 안타까웠다.

어느 주일, 오전 예배를 끝내고 점심을 먹은 후 오후 예배
를 드리려고 했다. 항상 오전이나 오후에도 권사님과 집사님,
아내와 몇 명이 예배를 드리고 있었다. 그날도 오후 예배를
드리려고 하는데 어떤 아이가 문을 열고 들어왔다. 얼마 전
전도하러 나갔을 때 만났던 노랑머리 아이였다. 그리고 아이
를 따르는 다섯 학생이 들어왔다. 나는 사실 그 일을 잊고 있
었다. 이 아이는 두 주 전에 자신에게 기도해주어 감옥에 안
가게 되면 교회에 오겠다고 약속한 것을 지키기 위해 왔다고
했다.

아이의 말을 들으면서 그때 일이 생각났다. 그래서 재판은
어떻게 되었는지 물었다. 아이는 증거가 불충분해 무죄가 되
어 소년원에 안 가게 되었다고 했다. 그리고 내가 기도해준

덕분인 것 같다며, 약속했기에 교회에 온 것이라고 했다. 아버지와의 관계도 좋아졌다고 했다. 아이는 자신을 따르는 친구들이 많으니 우리 교회에 많이 데려오겠다고 했다. 하지만 그 아이들은 너무 멀리 살았고, 여름철이면 아무 곳에서나 잠을 자고, 방학 때는 돌아다니기에 우리 교회에 출석하기는 어려울 듯했다.

먼 거리임에도 불구하고 아이들이 계속 나와서, 예수님에 대해 가르치고 기도도 많이 해주며 사랑으로 대해주었다. 한 달이 지나자, 아이는 자신이 사는 지역의 교회에 나가려 한다며 그동안 감사했다고 작별인사를 했다. 섭섭했지만, 집과 교회가 너무 멀리 떨어져 있기에 나는 그 아이와 친구들을 축복하며 기도해주었다. 그리고 언제든지 힘들고 어려운 일이 생기면 찾아오라고 했다.

하나님이 전도의 문을 여시므로 세상에서 방황하는 아이들을 만났다. 비록 학교조차 지도하기 어려워하는 비행 청소년들이지만, 예수님의 사랑을 나누었다. 이들은 아직 어리고 사회경험이 없다. 부모의 사랑을 받아야 할 나이에 관심을 받지 못해서 방황하는 것이다. 이들에게 필요한 것은 사랑과 관심이다. 이들을 혼내고 야단치는 것이 아니라, 긍정의 말과 칭찬과 격려로 자존감을 세워주어야 한다. 사랑을 실천하는 것은 따뜻한 관심을 갖는 것이다. 그들의 잘잘못을 따지며 선입견과 편견으로 그들을 판단하기 이전에, 그들의 깨지고 상처난 마음을 이해하려는 따뜻한 관심이 필요한 것이다. 예수님께서 수가성의 여인을 찾아가셨던 그 사랑을 실천하는 것이 그리스도의 몸인 교회의 몫이다. 예수님을 안다는 것은 그 사랑을 안다는 것이다. 사회에서 소외되고 버림받고 무시당하는 약자에게 다가가서 위로하고 사랑으로 품는 것이 교회가 해야 할 일이다.

"그러므로 주께서 세상에 임하실 때에는 이르시되 하나님이 제사와 제물을 원하지 아니하시고 오직 나를 위하여 한 몸을 예비하셨도다"(히 10:5)

24
새신자가 전도 부구역장이 되다

    사업하면서 세상에서 배운 것은 인맥을 형성하는 처세술이었다. 하지만 인맥 형성은 대부분 술자리에서 이뤄졌고, 모든 일은 술집에서 성사됐다. 그때를 생각하면 지금도 웃음이 나온다.

    세상에서는 항상 경쟁해야 한다. 경쟁하다 보면 이기기 위해 사람을 배신하는 것은 흔한 일이어서 마치 전쟁터와 같다고 하면 맞을 것이다. 하나님 없는 세상은 따뜻하지 않다. 누구 하나 보살펴주지 않는다. 나는 그런 외로움과 무거운 짐을 진 고아처럼 살다가 기적처럼 하나님의 품으로 돌아올 수 있었다.

    나는 모태신앙인이라고 할 수 없을 정도로 성경에 무지했다. 어린 시절 교회에서 보낸 시간은 전혀 생각이 안 난다.

교회에서의 첫 예배는 너무 지루하고 고달팠다. 그래서 나 같이 죄 많은 사람이 교회에 정착하고 세상의 더러움을 씻기에는 시간이 필요했다. 교회를 다니면서 가장 먼저 필요한 것은 예배에 습관을 들이고 공동체에 적응하는 것이었다.

나는 어릴 적에 장로교 합동 교단에 속한 작은 교회에서 신앙생활을 했다. 호기심으로 가본 여의도순복음교회는 엄청나게 크고 교인이 많았다. 교인이 많아서 누구도 나에게 관심을 두지 않았다. 내가 새신자라는 것도 알지 못했다. 주일 저녁에 예배를 드리다가 나이 든 성도가 청년국에서 예배드리라는 말을 듣고 그다음 주일부터는 오전에 예배를 드리러 갔다. 그리고 청년예배에 참석하여 새신자 등록카드에 신상을 적고 등록했다.

새신자 환영식에 참석한 그다음 주부터 새신자교육을 받았다. 그리고 새신자교육이 끝날 무렵 청년국 교구에 편입되었다. 지역별로 교구가 있었는데, 나는 나보다 나이가 많은 청년들이 그렇게 많은 줄 몰랐다. 모두 결혼하지 않은 지체들이었다. 형제자매들이 함께 예배드린 후 교구예배를 또 드렸다. 주일에 오전예배, 청년예배, 교구예배까지 총 세 번의 예배를 드리는 것이 정말 힘들었다. 나는 교구예배 때 또 한 번의 따뜻한 환영을 받고 작은 선물을 받았다.

어떤 형제가 다가와 친절하게 인사했다. 그리고 나에게 전도를 잘할 것 같다고 하면서 신문이나 전단지 같은 것을 돌려본 적이 있냐고 물었다. 나는 홍보 전단지를 많이 돌려봤다고 했다. 그 말을 들은 형제는 내가 그 일을 하기에 적합하여 하나님께서 예비하신 사람이라며 자신이 지금 하는 일을 맡아서 해보라고 했다. 나는 무엇을 해야 하는지, 전도를 어떻게 하는지 몰랐다. 다만, 밖으로 나가서 사람들에게 교회 신문을 나누어주기만 하면 된다는 형제의 말을 듣고, 그런 것은 잘할 수 있다고 했다. 당시 나는 주기도문도 간신히 외울 정도로 매우 무지한 상태였다.

나중에 알고보니 내가 맡게된 직분은 전도 부구역장이었다. 청년들은 전도를 거의 하지 않았을 뿐만 아니라 어려워 했기에 좀처럼 나서지 않았고, 그 형제는 강북으로 이사하면서 교회를 옮겨야 했다. 그래서 자기의 직분을 그렇게 갑작스레 나에게 인계하고 떠난 것이었다. 형제의 계략에 새신자였던 나는 전도 부구역장을 맡게 되었고, 소수의 전도부원과 항상 주일 오전에 전도지를 가지고 노방전도를 하기 시작했다.

구역장과 부구역장은 구역장 대학이라는 교육을 받아야 하고 구역원을 잘 관리해야 했다. 하지만 내가 맡은 전도구역의 구역장은 대학원 공부 때문에 교구에 잘 나오지 않았다. 그래서 몸이 아프고 정신적으로 약간 부족한 청년들이 나를 따랐고, 나는 그들과 전도하러 나가야 했다.

그때 나는 주일에 항상 늦게 자고 늦게 일어나는 습관이 있었다. 그런데 주님이 나를 훈련하시기 위해 그랬는지, 주일만 되면 항상 귓가에서 찬양이 들렸다. 잠에서 깨어 벌떡 일어나는 놀라운 일들이 일어났다. 그래서 주일 전도에 한 번도 지각하지 않았다. 하나님이 매우 기뻐하셨을 것으로 생각한다. 병아리 같은 새신자를 전도사역자로 훈련하신 하나님은 나의 무지함과 약함을 사용하시고 놀라운 능력을 부어주셨다.

교회에 다니기는 했지만, 여전히 술과 담배를 끊지 못했다. 담배는 하루에 두 갑을 피웠다. 담배 냄새를 없애기 위해 늘 향수를 뿌렸고, 휴대용 가글액으로 가글했다. 비행 청소년처럼 교회에서 담배 피울 장소를 찾아야 했다. 또 항상 삼겹살을 안주 삼아 술 마시기를 좋아했다. 토요일 밤부터 주일 새벽까지 술을 마시고는 술이 덜 깬 채로 교회에 가곤 했다. 하나님은 나를 단번에 돌이키도록 하셔야 했는데 죄 문제 때문인지 서서히 성화하게 하신 것 같다.

어느 날, 여의도공원에서 노방전도를 하게 되었다. 전도신문을 많이 들고서 사람들에게 나누어주면서 전도했다. 나는 학교 선생님 같은 인상을 풍기는 사람에게 "선생님, 교회에 다녀보세요. 너무 좋은 것 같아요. 마음도 평안하고 죄도 짓지 않고요. 좋은 사람들은 모두 교회에 있는 것 같아요. 함께 예배드리고 식사도 하고 운동도 하고요. 그런데 교회에 안 다니는 분들은 이런 것을 잘 모르고 종교 생활을 하는 줄 알더라고요. 저는 교회에 다닌 지 얼마 안 되었지만, 너무 좋은 것 같아요."라고 말했다.

그는 나를 가만히 보더니 얼굴이 좋아 보인다고 하면서 "교회 다니면 아무래도 종교 생활을 하기에 마음이 평안하겠지요. 수행하니까. 그런데 교회 다니면 술과 담배를 못 하잖아요. 나는 담배를 피우지 말라고 하면 절대로 갈 수 없어요."라고 했다. 그래서 나는 급한 마음에 주머니에서 담배 한 개비 꺼내서 그에게 주면서 "선생님, 교회 다니면서 담배 피워도 괜찮습니다. 뭐라고 하는 사람 없어요. 사람들이 워낙 많아서 예배시간에만 피우지 않으면 됩니다."라고 했다. 그는 약간 놀라면서 "담배를 피워도 되는 건가요?"라고 물었다. 그래서 "저도 교회 다닌 지 얼마 안 되고, 지금 담배를 피우고 있잖아요."라고 했다. 그러고는 담배에 불을 붙인 후 그에게도 불을 붙여주었다. 이런 에피소드가 초신자인 나에게 전도와 영혼구원을 위한 훈련과정이 되었던 것 같다.

하나님은 영혼구원과 하나님나라 확장을 위해 부족하고 베드로 같은 나를 전도자로 준비하셨던 것이다. 결국, 나는 하나님의 계획 안에서 영혼구원을 위한 전도자로 훈련되어 누구를 만나도 복음을 증거하게 되었다.

여의도순복음교회는 양육시스템이 잘 되어 있어서 새신자를 전도 부구역장으로는 세우지 않는다. 그 청년이 아니었으면, 새신자 시절부터 전도하지는 않았을 것이고, 영혼구원을 위해 한 일이 없었을 것이다. 하나님은 부족하고 무지한 나를 택하시고 준비하게 하시고 주의 종의 길을 가도록 훈련하시고 사용하셨다. 그리고 수년간 유통사업을 통해 전국을 다니며 방문판매를 하게 하셨다. 최고로 영업을 잘하는 사람으로 만들어 주셨고, 누구에게도 지지 않는 열정을 심어주셨다. 그 경험으로 전도자가 되어 있는 것 같다. 하나님은 우리의 연약함을 아시고, 우리의 연약함 속에서 당신의 나라를 확장하신다. 하나님은 영혼을 구원하시는 놀라운 일을 행하시는 분이다. 이 일에 동참하기를 축복한다.

"나에게 이르시기를 내 은혜가 네게 족하도다 이는 내 능력이 약한 데서 온전하여짐이라 하신지라 그러므로 도리어 크게 기뻐함으로 나의 여러 약한 것들에 대하여 자랑하리니 이는 그리스도의 능력이 내게 머물게 하려 함이라"(고후 12:9)

25
사도행전 같은 회사

　세상에 사도행전 같은 교회가 있다면, 나는 사도행전 같은
회사를 운영했다. 내가 그런 분위기를 만든 것이 아니라, 하
나님이 계획하신 일이었다. 나는 하나님의 계획에 순종했을
뿐이다. 조건 없는 사랑이 조건 없는 복음이었다.

　믿음이 없을 때 사업하는 것과 성령의 사람이 되어 복음의
열정과 믿음으로 충만할 때 사업하는 것은 완전히 다르다. 하
나님의 은혜를 입고 성령을 받으니 회사는 자연스럽게 교회가
되었다. 직원들과 일 이야기를 하기 보다는 은혜받은 이야기
를 했다. 또 세상 이야기가 아니라, 누구를 어떻게 전도해야
할지 등의 하나님나라를 위한 이야기를 했다.

　그런 마음이 충만해서 그랬는지 직원들을 모두 전도했다.
사실 회사가 이렇게 되기까지는 많은 출혈이 있었다. 중간 관

리자를 채용할 때 전도 대상자를 고르는 것처럼 했다. 단순하고 깡이 있는 사람을 채용하여 영업부 대리로 앉혀 놓고 완전히 하나님의 사람을 만들어놓았다. 내가 운영한 회사는 온라인 광고회사이면서도 방문 영업하는 회사였다. 전국에서 유일하게 아파트 홈페이지를 구축해주는 사업을 하는 회사였기에, 개설된 아파트 홈페이지에 주변 업체들을 홍보해주는 일종의 지역광고 업체처럼 광고를 따고 수금하는 일이었다. 특별한 기술이 필요 없었고, 수금만 잘하면 문 닫을 일 없는 회사였다.

나는 사업을 하면서 항상 남들이 안 하는 아이템을 개발하고 독점하여 쉽게 돈을 버는 방법을 찾으며 매진했다. 그러다 보니, 때가 되어 그런 환경이 만들어졌다. 정부에서도 아파트 홈페이지를 법으로 의무화하여 아파트 홈페이지 제작은 영업하기가 쉬웠고, 계약 성사율도 높았다. 아파트 주변에 있는 상점들을 광고해주고 디자인비만 받는 착한 회사였다. 그런 자부심이 있었기에 직원들을 채용할 때 업무와 영업을 직접 보여주고 면접했다.

한번은, 아르바이트 직원들을 관리하고 수금할 중간 관리자가 필요하여 구인광고를 냈다. 그리스도인을 채용하려 했지만, 내가 면접을 보는 책임자였기에 믿지 않는 사람을 채용해야 하겠다는 마음이 들었다. 관리자를 채용한 후 그를 전도한다는 믿음으로 나아가기로 했다. 서류면접을 하던 중 내가 찾던 의리로 일할 청년이 눈에 띄었다. 외모도 좋고 마음에 쏙 들어 다른 이력서는 보지도 않고 바로 그 청년을 선택했다. 그 청년은 이력서를 낸 지원자가 이렇게 많은데 왜 자신을 뽑았는지 모르겠다고 물었다. 나는 내가 사람을 뽑는데 무슨 이유가 있냐고 하며 내 마음이라고 대답했다. 일만 잘하면 되니, 잘 배워서 잘 따라오라고 했다. 그 청년은 열심히 배우겠다고 하며 감사했다.

아니나 다를까, 청년은 정말 배우처럼 잘 생겼는데 일은 정말 못했다. 중간 관리자가 아르바이트 직원 통솔과 수금을 잘하지 못하니 회사의 전체적인 운영이 잘되지 않았다. 작은 회사가 수금이 안 되니 모든 일이 어려워지면서 곧바로 제작해야 할 아파트 홈페이지도 순조롭지 않게 되었다. 임원들은 나에게 대리직을 잘못 채용한 것 같다며 내보내자고 이야기했다. 나는 조금만 더 지켜보자고 하면서 빨리 전도해야 한다는 생각만 굴뚝 같았다. 내가 생각해도 일을 수행할 수 있는 사람이 아니었다. 사람은 착하고 성실한데 일이 적성에 잘 맞지 않는 것 같았다.

'이러다가 우리 회사 망하는 거 아닌가? 내가 모든 일을 하는데 중간 관리자가 일을 못 한다고 이 정도로 어려워진 걸까?'라고 생각하면서 내가 분발하고 조금 더 지켜보기로 했다. 그를 교육하는 것보다 예수님을 믿게 하는 것이 더 시급했다. 하나님이 사도적인 일을 하기를 원하셔서 사도행전 같은 회사를 만들어 주셨으니 사람도 빨리 구원해주셔야 회사가 잘 돌아갈 것 아닌가. 그러나 몇 개월이 지나자 회사가 부도났다. 나는 당시 법인 이사였기에 투자하고 부도를 낸 사람은 내가 아니라 대표였다. 대표는 부도를 내고 모든 일을 일사천리로 정리했다. 아파트 홈페이지 사업을 하면서 수금이 어려워지자 중고차 포털사이트를 개발한 것이 경영을 악화시켜 부도까지 가는 문제가 되었다. 광고를 너무 무리하게 하여 자금난으로 엄청난 빚을 만들어 회사를 그만둘 수밖에 없었다.

그즈음 한 대기업이 나에게 창업을 제안했다. 자신들과 손잡으면 도와줄 테니 다시 시작해보라는 것이었다. 어차피 대표가 회사를 다시 시작할 수 없는 상황이라, 나는 회사를 다시 맡았다. 직원들은 모두 제 갈 길을 갔지만, 나는 그 중간 관리자를 다시 불러서 사업을 시작했다. 그에게 모든 업무를 하나씩 가르치면서 전도했다. 결국, 그는 하나님을 뜨겁게 만났고 성령을 받았다. 그렇게 일을 못 한 관리직원이 하나님을 인격적으로 만나자 일을 잘하게 되었다. 그리고 자신의 주변 사람들과 가족까지 모두 전도했다. 친구들도 하나씩 전도하고 만나는 사람들을 전도하는 전도자가 되었다.

사람이 하나님을 만나면 없던 능력을 얻는다. 초자연적인 능력이 하나님의 자녀들 가운데 흐르는 것을 알 수 있다. 성령님이 나와 동행하시고, 해보지 않은 일을 하게 되고, 무슨 일을 하든지 하나님의 능력이 채워지고, 사람들에게 칭송을 받는 일이 계속되고 있다. 하나님은 전능하시고 살아 계신다.

"오직 하나님이 성령으로 이것을 우리에게 보이셨으니 성령은 모든 것 곧 하나님의 깊은 것까지도 통달하시느니라"(고전 2:10)

26
멜론 이야기

복음의 열정만으로 아내와 교회를 개척하고 예배드리며 목회했다. 그때 아내는 첫아기를 임신 중이어서 수시로 뭔가를 먹고 싶어 해서 좋아하는 과일과 음식을 자주 사다 주었다. 하지만 목회를 하면서 신학교도 다녀야 했고 수입이 많지 않았기에 부담이 점점 커졌다.

그러던 어느 날, 아내가 갑자기 멜론이 먹고 싶다고 했다. 그때는 매우 추운 겨울이었기에 멜론이 비쌌고 큰 마트에서만 팔았다. 그동안 많은 음식과 과일을 사다 주었는데 그날은 경제적인 부담이 너무 커서 아내에게 인터넷을 검색하니 멜론이 아기에게 좋지 않다는 뉴스가 나왔다고 거룩한(?) 거짓말을 했다. 아내는 그러면 다른 과일을 먹어야겠다고 말했다. 그래서 나는 귤이 제철과일이라 아기에게 가장 좋은 과일이라고 말하고서 즉시 사다 주었다. 나의 귀한 첫아기였지만, 아내가 먹고 싶은 것을 제대로 사줄 환경이 되지 않았다. 교인이 없었고, 또 갑자기 시작하는 바람에 마땅한 후원자도 없었다.

무엇보다 어렵게 시작한 교회에서 아내와 단둘이 예배드렸기에 한 영혼이라도 주님께 오기를 갈망했다. 노방에서 전도지를 나누어주며 열심히 전도했지만, 사람들은 지하 교회에 들어오려 하지 않았다. 그렇게 열심히 전도하다 보니 하늘이 감동하였는지, 어느 주일에 한 형제가 들어왔다. 겉으로 보기에 약간 부족한 형제였지만, 그래도 교회의 첫 열매였다.

그는 버스로 몇 정거장 거리에 살고 있었는데 얼마 전에 전도지를 받고 찾아왔다고 했다. 얼마나 기쁘고 좋았는지 '할렐루야'를 마음 속으로 크게 외쳤다. 그는 부족하고 약한 형제였지만, 한 영혼이 주님을 만나는 것은 최고의 기쁨이 될 터였다. 그가 교회에 오면 항상 기도해주고 버스 타고 가라고 버스비로 5000원을 주고 음식도 대접했다. 평일에 퇴근하여 교회에 오면 항상 간식을 준비하여 제공했다. 작은 교회의 장점은 한 영혼에게 최선을 다하는 목회를 할 수 있다는 것이다.

어느 날, 그가 멜론이 먹고 싶다고 말했다. 나는 왜 하필 멜론이지 생각하며 대형마트에서 사다 주었다. 임신한 아내가 얼마 전까지 멜론을 먹고 싶다고 했는데 경제적 부담 때문에 몸에 안 좋다고 거룩한(?) 거짓말을 하고 사주지 않았는데, 그를 위해선 멜론의 비싼 가격 따위는 문제가 되지 않았다.

한 영혼을 전도하여 결실하기 위해 주님의 양을 돌보는 것은 이 땅에서 하나님나라를 세우는 아주 귀한 일이다. 대한민국에 있는 모든 목회자는 누구나 멜론을 사주는 나와 같다. 세상은 교회를 비난하고 정죄하고 걱정하지만, 그것은 교회의 속성과 사역을 알지 못하기 때문이다.

.

이 책을 쓰면서 우리 목자들의 마음을 응원하고 박수를 보내주기를 간구한다. 개척 목회할 때 한 영혼에게 최선을 다한 것이 나 하나만이 아니라, 모든 목회자가 이 시각에 한 영혼 한 영혼을 위해 최선을 다하고 있다는 것을 말하고 싶다.

"나는 선한 목자라 나는 내 양을 알고 양도 나를 아는 것이
아버지께서 나를 아시고 내가 아버지를 아는 것 같으니 나
는 양을 위하여 목숨을 버리노라"(요 10:14,15)

27
4차산업혁명 시대의 확장 전도

　지금은 4차 산업혁명 시대라고 한다. 4차 산업혁명 시대는 인터넷과 사물을 융합하여 정보통신기술이 이루어지는 차세대 산업혁명이다. 인공지능과 사물인터넷, 로봇기술과 드론, 무인 자동차와 가상현실(VR) 등이 4차산업혁명 시대의 대표적 기술이다.

　1차 산업혁명 시대에는 증기기관차가 만들어졌고, 2차 산업혁명 시대에는 전기가 들어왔고, 3차 산업혁명 시대에는 인터넷으로 정보화시대가 열려 많은 사람이 앉아서 일하는 일자리를 창출했다. 1차 산업에서 3차 산업까지 융합하여 만들어진 것이 4차 산업혁명이다. 한 유명한 교수님은 4차 산업혁명은 지능의 발달이라고 했다. 사람이 하는 일을 로봇이 인공지능으로 할 수 있게 된다. 현실의 세계를 가상현실을 구현하며 모든 산업을 변화하게 한다.

나는 교회가 이 시대를 읽고 준비하는지 점검해보았다. 하지만 교회는 아직 미약하고 준비되지 않았음을 본다. 교회는 지금부터 차세대 산업의 발달을 준비하고 시대를 이끌어야 한다. 유럽을 비롯한 해외 국가 중에는 무교(無敎)를 종교로 인정하는 국가들이 있다. 동성애자들이 인권을 빌미로 사회적 안전장치를 만들고 있다. 이슬람은 문화와 교육과 경제라는 이름으로 우리나라에 침투해 들어오고 있다.

우리나라는 인터넷이 발달한 인터넷 강국이다. 또한, 무선 인터넷 속도는 세계 최고 수준이다. 5G 상용화로 다운로드 속도가 세계 1위다. 속도가 너무 빨라서 오히려 모바일 기기가 따라가지 못할 정도라고 한다. 스마트폰 기능의 발달로 우리의 생활은 스마트폰 내에서 이루어지고 있다 해도 과언이 아니다. 스마트폰과 테블릿에 무선 인터넷이 제공되는 환경을 모바일이라 하고, 정보통신에서의 모바일은 움직이는 인터넷이라는 의미다.

전 세계는 지금 모바일을 이용하고 있다. 스마트폰은 전화 기능만 있는 것이 아니라, 모든 사람이 들고 다니며 사용하는 컴퓨터다. 이동 중 사용하는 모바일은 온 세상을 소통하도록 한다. 대표적인 것으로는 소셜네트워크(SNS)라고 불리는 페이스북, 인스타그램, 카카오톡, 밴드 등이 있다. 누구든지 모바일을 사용하여 쉽고 편리하게 전 세계 사람들과 친구를 맺고, 인맥을 쌓고, 지식과 정보를 공유한다.

우리나라는 네이버, 다음, 네이트 등의 검색 포털사이트로 정보를 찾도록 한다. 하루에도 3,000만 명이 자신이 찾고 싶은 정보를 포털사이트로 검색하고 있다. 스마트폰 모바일은 현재 전 세계가 사용하고 있다. 이러한 모바일의 장점을 활용하여 많은 사람에게 예수님의 복음도 전할 수 있다. 2009년에 설립한 지저스닷넷 홈페이지는 지금까지 1억1천만 명이 방문했다고 한다. 더 놀라운 것은 지저스닷넷을 통해 예수님을 영접한 사람이 1500만 명이라고 한다. 예수님을 모르는 사람들이 홈페이지에 접속하여 영상을 보고 은혜를 받은 것이다. 아마도 우리나라의 모든 목회자와 성도가 길거리 전도를 해도 짧은 시간에, 그 넓은 공간에 퍼져있는 1500만 명을 전도하기란 쉽지 않을 것이다.

많은 사람이 노방전도를 한다. 어떤 신도시에 세워진 한 교회는 전단지를 8000장 인쇄하여 3개월간 나눠줬는데 한 통의

전화나 방문이 없었다고 한다. 10여 명이 날마다 전도했는데
도 그랬다. 너무 실망하여 성도들을 대상으로 설문조사를 했
다. 전 교인이 200명 정도 되는데 설문지를 만들어 조사한 결
과 인터넷을 보고 찾아온 성도가 100%라는 것을 알게 되었
다. 그 교회는 내가 인터넷 전도 강의와 집회를 한 후 인터넷
전도팀을 만들어 인터넷과 현장에서 전도하고 있다. 인터넷
으로 교회를 알리는 것도 요즈음 같은 4차 산업혁명 시대에는
효과적인 전도다.

교회의 속성을 잘 모르는 사람이 많다. 어떤 이들은 교회
를 예배드리고 찬양하고 기도하는 종교단체로 생각하는 경향
이 있다. 교회는 주님과 내가 한 몸을 이룬 연합체다. 건물이
교회가 아니다. 주님과 한 몸을 이룬 성도 한 명 한 명이 교회
다. 교회는 예배드리고 하나님께 영광을 돌리는 공동체이며
그 본질은 사랑이다. 예수님의 사랑을 전하기 위해 모인 공동
체가 '교회'이기에 그 공동체의 힘으로 많은 사람에게 복음을
전하는 것이다. 교회 공동체에 들어와야만 교회의 본질을 알
게 된다. 세상에서 느낄 수 없는 사랑과 은혜를 경험하며 서
로 결속하고 성장하게 된다. 많은 사람이 교회에서 복음을 듣
고 주님을 만나고 있다.

하지만 현시대의 교회는 과거와 다르다. 우리나라는 부유하고 많은 나라보다 잘살게 되었다. 여러 나라를 다녔지만, 우리나라보다 환경과 치안이 좋은 나라는 없었다. 정말 대한민국은 전 세계에서 가장 살기 좋은 나라다. 해외에 한 번이라도 다녀온다면 누구나 느낄 수 있다. 이런 풍요 속에서 하나님을 만나기는 사실 더 어렵게 되었다. 과거에는 잘살기 위한 운동을 했다. 생활이 어려웠고, 많은 질병으로 고통받았다. 사람들은 삶의 절박한 문제를 가지고 기도원을 찾았고, 살아갈 힘을 얻기 위해 교회에 다녔다. 교회는 세상 사람들에게 힘과 용기를 주고 위로했다. 많은 사람이 교회에 와서 하나님을 만났다.

교회가 세상 밖에만 있으면, 잃어버린 영혼들을 하나님께로 인도할 수 없다. 교회는 사람들이 모이는 곳에 있어야 한다. 그곳이 인터넷 공간도 될 수 있다. 많은 사람이 모이는 곳, 즉 소통하는 곳은 어디든 복음의 통로가 될 수 있다. 지금의 교회는 위기 속에 있다. 청소년 복음화율이 5% 미만이면 미전도 종족이나 다를 바 없다. 우리나라는 선교사를 미국 다음으로 많이 파송하는 나라지만, 다음 세대인 청소년 복음화율은 미전도종족 수준에 머물러 있다. 중국에 있는 사역자들이 한국의 다음 세대 사역을 위해 기도하고 있다고 한다. 우리나라 선교사들이 중국에 복음을 많이 전하지만, 결국 우리에게 사역훈련을 받은 중국인들이 우리나라에 와서 우리 청소년들에게 선교하는 일이 일어날 수도 있다.

교회는 본질적인 사역을 세상에 알려야 한다. 간판을 보고 찾아오는 시대는 지나갔다. 소통의 시대에는 모바일이 교회의 본질을 알릴 수 있는 새로운 최적화된 또 하나의 세상일 수 있다. Y선교회는 예수영화를 상영할 수 있는 태양열 단말기를 드론에 장착하여 이슬람 국가의 무장 단체들에게 보냄으로써 복음을 전하고 있다. 태양열 단말기들을 사막의 모래 위에 떨어뜨려서 그들이 단말기에 저장된 예수영화를 자신들의 언어인 아랍어로 시청하여 예수님의 생애를 알게 된다면, 이보다 좋은 전도 매체는 없을 것이다. 또한, 그들은 배를 타고 다니면서 인공위성을 이용하여 예수님을 모르는 종족을 찾아 복음을 전한다. 복음을 전하기 위해 시대에 맞는 방법을 잘 이용하면 전도와 선교가 효과적으로 확장할 것이다.

국제의료봉사회 대표 현옥철 목사님(한센인 의료사역자)은 오랫동안 인도, 인도네시아, 필리핀 등 동남아의 어려운 지역에 한센인을 위한 의료센터를 세워 사역하고 있다. 우리나라

과거 소록도 같은 환경일 것이다. 지금은 의료기술의 발달로 한센병을 치료할 좋은 약이 개발되었다. 이 약으로 한센인들을 치료하면 완치된다고 한다. 하지만 동남아 지역에는 생계가 어려운 한센인들이 모여 살면서 치료받지 못하여 팔다리가 썩어 수천만 명이 죽는다고 한다. 그런 실정에 대한 안타까움으로 현옥철 목사님은 약을 가지고 한센인 마을로 들어가서 치료하고 복음을 전하고 교회를 세우고 있다.

직접 약을 가지고 현지를 찾아가서 보면 팔다리가 썩어서 없어진 이들이 많다고 한다. 그들의 팔다리 없는 신체를 스마트폰 카메라로 찍어 뉴욕에 있는 3D프린팅 회사에 전송하면, 그 회사에서 3D프린터로 신체 치수대로 의수와 의족을 제작하여 국제택배로 발송한다고 그러면 그들의 팔다리에 의수와 의족을 달아주고 예수님의 사랑을 전한다면, 교회에 나오지 말라고 해도 찾아올 것이다. 실제로 인도에서 한센인 의료선교를 통해 두 교회가 세워졌고, 많은 성도가 교회에 다니고 있다. 나도 그곳을 방문했고, 로봇조립 교실을 열어 약 100명의 아이에게 로봇조립을 가르쳐주었다. 복음의 본질을 통해 고통받고 가난한 영혼들을 위한 사역이 귀하게 일어나고 있다. 나는 한센인 마을에 현지 사역자가 더 많이 세워지도록 기도한다.

4차 산업혁명 시대에는 단순히 기술만 발달하는 것이 아니다. 우리는 플랫폼을 만들어 발판을 놓는 일을 해야 한다. 아직도 많은 교회가 종이 전도지를 사용하고 있다. 그러나 정작 현장에서 전도하는 이들은 많지 않다. 복음 전파는 은혜받은 우리가 감당해야 할 사명이다. 사명이 없다는 것은 소명이 없는 것이며, 소명 없는 삶을 자칫 주님을 높이기보다는 사람을 높이는 죄를 범하기 쉽다. 믿음에 선 우리가 주님과 동행하는 길을 끊임없이 복음을 전하는 것 뿐이라.

또한, 4차 산업혁명 시대에는 더욱더 말씀과 연합해야 한다. 한 몸이 되어 진리의 말씀을 읽는 시대가 현재의 4차산업혁명 시대를 이끌게 된다. 인터넷은 확장 사역이며, 인력이 많이 필요하지 않다. 또 전문기술이 필요하지 않으며, 누구나 쉽게 전도할 수 있다. 포털사이트 밴드와 여러 소셜네트워크에서 예수님을 전하라. 전하는 시간이 은혜의 시간이 될 것이다. 나는 모바일 전도를 통해 많은 지역을 방문하고 그 효과를 알리고 있다. 주일에는 타 지역 교회들에 강의하러 다니고 있다.

"너희는 더욱 큰 은사를 사모하라 내가 또한 가장 좋은 길을 너희에게 보이리라"(고전 12:31)

28
모바일 전도 동기부여

　나는 그동안 노방전도, 축호전도, 행사초청전도, 문화전도 등 많은 방법으로 전도해왔다. 전도의 열매가 많고 간증할 이야기도 많다. 행사초청전도는 다수의 젊은 부모가 교육에 관심이 있기에 꿈꾸는 엄마가 기적을 만든다』의 저자 황경애 사모님을 초청하여 자녀교육 세미나로 진행한다. 황경애 사모님은 하나님을 만난 자신의 이야기와 자녀들이 말씀을 통해 사회에 영향력 있는 그리스도인의 삶을 살게 된 뜨거운 간증으로 은혜를 끼치고 결신하게 하는 복음의 통로가 되어준다.

　축호전도 시에는 아파트를 다니면서 초인종을 누르고 콩나물을 주고 예수님을 만난 간증을 했다. 이때 그들이 축복기도를 받고 은혜를 입어 교회에 다니게 되었다. 노방전도 시에는 성경 속 하나님의 기적 이야기를 하여 회개하고 교회에 등록하도록 한 일이 많다. 하지만 세월이 흘러 인터넷이 발달했고, 스마트폰 사용자의 급증으로 누구나 쉽게 뉴스와 소식을 소셜네트워크로 받아볼 수 있게 되었다. 모든 사소한 사건과 교회의 비리와 부도덕한 문제와 목회자의 범죄까지 빠르게 전달된다. 그로 인해 교회에 대한 불신이 사회 전반에 확산되어 전도할 수 있는 여건은 매우 악화되었다.

과거에는 사람들이 전도지를 잘 받았고, 기독교에 대한 사회의 시선이 그리 나쁘지 않았다. 하지만 지금은 이단·사이비 문제가 발생하고, 언론에서 기독교의 부도덕한 사건들을 다루면서 현장 전도는 더 어려워졌다. 내가 아는 교회는 약 500명의 성도가 출석하고 있는데 1년에 한 번 있는 새신자초청잔치에 두 명이 등록했다고 한다.

내 딸은 현재 초등학교 3학년이다. 나는 이 아이에게 항상 전도를 독려하고 날마다 성경을 읽게 한다. 하나님의 자녀로서 지혜로 성장하도록 양육하고 있다. 이 아이가 다니는 교회에서 여름성경학교를 열고 100여 명의 아이를 모집하여 수영장에 데려갔는데, 그 행사를 통해 전도되어 온 아이는 다섯 명도 안 된다고 한다. 그만큼 교회학교의 전도도 영향을 받는 것이 현실이다.

이미 언급한 바와 같이, 나는 3년 전에 성경읽기운동을 하는 비영리 선교회에서 사역했다. 많은 교회를 다니며 월간지처럼 날마다 읽을 수 있는 성경책을 보급하고 해외 고아들에게 보낼 성경을 후원받는 일을 했다. 복음을 전하는 사역인데도 선교회의 상황이 열악하다 보니 외근은 나 혼자 했다. 성경읽기운동을 알리는 것은 이메일과 문자로 하면 됐지만, 실제로 전국의 목회자들에게 알리는 것은 직접 만나고 논의해야 했다. 우리나라에는 교회가 65,000개라고 한다. 이 많은 교회를 다 방문하기는 어려웠기에 한 번에 많은 목회자에게 전하기 위해서는 무조건 인터넷을 사용해야 한다는 생각이 들었다.

나는 교회 홈페이지에 들어가서 사역정보를 찾던 중에 많은 사람이 사용하는 포털사이트들에 교회의 사역들이 그다지 많이 노출되지 않는다는 것을 알게 되었다. 네이버에서 교회를 검색하면 가장 많이 나오는 정보는 과연 무엇일까? 뜻밖에도 1위는 교회 매매다. 이것은 자칫 비신자들이 교회들이 교회건물을 사고파는 행위를 한다고 오해하도록 할 수 있다. 2위는 교회 인테리어다. 교회 인테리어는 많은 교회가 건축하고 내부 시설을 하느라 인테리어 업체들이 블로그로 광고한 결과로 노출되는 것이다. 3위는 교회 예식이다. 많은 청년이 예식장을 찾으면서 교회 예식을 많이 검색하고 열람하여 세 번째로 많이 노출되고 있다.

포털사이트에 "교회"를 검색하면, 예수님과 교회들의 선한 모습들이 노출되어야 하는데, 인터넷은 누구에게도 예수님을 알리려 하지 않는다. 페이스북이나 카카오톡의 단톡방에서 사역과 행사를 자랑할 뿐 선한 모습과 선한 영향력은 나타나지 않고 있다. 심지어 포털사이트에서 어떤 동네 이름을 검색하니 "목사 칼부림"이라는 뉴스가 가장 먼저 노출되었다. 이 사건은 오래된 기사였지만, 그 동네의 수백 교회가 소개될 만한 사역 기사나 블로그 포스트가 없다 보니 사람들이 오래된 기사를 클릭하면서 인기뉴스로 상위에 노출되고 있는 것이다.

전국의 교회를 지역명으로 검색할 때 가장 많이 나오는 결과는 놀랍게도 '신천지' 단체였다. 지역별로 교회를 검색해보니, 신천지는 이웃사랑이라는 미명으로 봉사활동과 헌혈 등의 좋은 소식만 검색되는 것을 알게 되었다. '하나님의교회'라는 단체도 자신들의 봉사와 좋은 이야기들만 검색되도록 해 놓았다. 심지어 유튜브에 "기독교 영화"를 검색하면, 중국의 신흥종교인 '전능신교'(또는 동방번개)가 다큐멘터리 영화를 다수 올려서 많은 시청자가 기독교 영화인 줄로 착각하여 시청하고 있다.

한국 교회들은 현재 어려운 노인, 한부모가정, 기초수급자, 노숙자, 재소자와 같은 사회적 약자들을 엄청나게 도우면서 사회가 하지 못하는 사각지대를 복음화하기 위해 노력하고 있다. 그러나 수십 년 동안 예수님의 은혜와 사랑으로 사역해도 세상이 그것을 알아주지 않은 것이 아니라, 알 수가 있는 통로가 적었던 것은 아닐까하는 의문이 들었다.

지역 교회들은 인터넷을 활용해 복음을 전하는 법을 몰랐다. 특히, 목회자들은 말씀 연구와 교단 모임, 심방, 선교 등 여러 목회 활동으로 바쁘게 다니며 말씀을 전하고 있기에 인터넷을 목회에 활용하는 것은 전문분야 인양 어렵게 생각하고 있다. 그래서 나는 국민일보를 통해 모바일 전도 세미나를 광고하고 지역 교회들에서 세미나를 시작했다. 성경읽기 사역을 알리며 인터넷전도를 할 수 있도록 동기 부여하는 강의와 실습을 매달 했다. 하지만 많은 목회자가 세미나에 와서 감동과 도전을 받지만, 실제 실행하고 복음을 전하는 목회자는 그리 많지 않았다. 2년간 기도하면서 쉬지 않고 달려온 세월이 너무 아깝게 느껴졌다.

이 사역을 그만두려고 생각할 즈음, 어떤 교회에서 전도집회 요청이 들어왔다. 나는 주일 오후 예배 때 이 사역에 관하여 강의했다. 많은 성도에게서 은혜와 도전을 받았다는 문자를 받았고, 담임목사님에게서 감사 인사를 받았다. 그 교회 성도들은 모바일 전도를 시작했다. 네이버 블로그에 글을 작성할 때 걸리는 시간은 20분이다. 20분 동안 글을 쓰는 것은 큰 기술이 필요 없는 아주 단순한 작업이다. 이런 기본적인 작업을 하면서 복음을 증거하고 교회를 알리는 일을 배우고도 하지 않는 목회자들에게 회의를 느껴서 그만두려던 차에 성도들이 강의에 은혜받고 모바일로 블로그 작업을 하는 것을 보고 크게 감동했다. 지금은 더 많은 교회에서 강의해야 한다는 생각으로 더 부지런히 다니고 있다.

인터넷으로 교회를 조금만 알리기 위해 노력해도 쉽게 전도가 되는 것을 알 수 있다. 어떤 조사 기관의 통계에 의하면 예수님을 믿는데 교회에 다니지 않는 가나안 성도(거꾸로 읽으면, "안나가" 성도)가 많다고 한다. 가나안 성도의 수는 정확히 알 수 없지만, 혹자는 200만 명이 넘는다고 한다. 신앙생활을 하다가 금전관계와 목회자의 부도덕한 일들, 또는 교인들 간의 갈등으로 상처받아 교회에 다니지 않고 인터넷으로 예배드리거나 대형교회에 가끔 출석하여 뒷자리에 앉아있다가 헌금만 하고 오는 사람들이 엄청나게 늘어나고 있는 것이다. 사람들은 이제 집 가까운 교회에 무작정 다니지는 않는다. 그들은 인터넷으로 교회를 검색해서 설교를 듣거나 사역을 건강하게 하는 교회를 탐방하여 선택하기도 한다. 어느 기독교방송국이 가나안 성도를 대상으로 설문조사를 했는데 78%가 다시 교회에 나가고 싶다고 대답했다고 한다.

나는 2019년 6월에 최선규 아나운서와 김지선 개그우먼이 진행하는 CTS기독교TV의 《내가 매일 기쁘게》에 출연했다. 연예인이나 목회자, 사역자, 전문직에 종사하는 성도들이 출연하여 하나님과의 만남을 간증하는 유명 프로그램이다. 나는 이 프로그램에서 "모바일 전도로 꿈꾸는 부흥"이라는 제목으로 간증했다. 녹화 후 몇 주가 지나서 본방과 재방으로 3번 방송되었다. 방송 중간부터 끝날 때까지 전국의 성도들에게서 전화가 왔다. 대다수는 가나안 성도였다. 방송을 보고 은혜를 받아 신앙상담을 요구하면서 좋은 교회를 찾아달라거나 자신이 다니는 교회의 문제들을 말했다.

예전에는 이런 전화를 받은 적이 없었다. 그래서 나는 자신이 날마다 성경을 읽는지 먼저 점검한 후에 좋은 교회를 찾는 것이 좋겠다고 말해주었다. 그들 모두 눈물을 흘리며 회개하고 기도해달라고 했다. 이처럼 신앙의 갈급함을 가진 사람이 이렇게 많다는 것을 방송 후 새롭게 알게 되었다. 지역 교회들은 이런 가나안 성도들이 교회에 다시 올 수 있도록 관심을 갖고 사역의 방향을 전환 하기 위해 애쓸 필요가 있다.

한국의 교회 홈페이지는 30,000개 정도다. 홈페이지들에 들어가 보니, 모든 교회의 홈페이지 카테고리(메뉴)가 비슷했다. 교회소개, 예배안내, 양육, 교육, 커뮤니티 등이었다. 첫 번째 메뉴인 교회소개에는 담임목사 인사말, 교회연혁, 섬기는 이, 오시는 길 등이 있었다. 교회 홈페이지를 제작하는 어떤 회사의 대표가 교회 홈페이지 방문자가 하루 평균 몇 명이나 될 것 같은지를 묻자, 평균 50명은 들어올 것 같다고 하니, 평균 2명이라고 했다.

이 말에 잠깐 멘붕이 왔다. 그 정도밖에 안 될까? 교회 홈페이지에 거의 방문하지 않는다는 소문은 사실이었다. 또한, 그 두 명이 누구인 것 같냐는 물음에 담임목사와 사모가 아니냐고 했더니, 담임목사와 부목사라고 했다. 그 말에 웃음이 났지만, 짐작은 했었다.

내가 교회 홈페이지를 분석한 결과 대부분 예수님에 관한 내용이 없었다. 예수님은 교회의 머리이시다. 교회의 주인은 예수님이시다. 이 말은 누구도 부인할 수 없다. 교회들은 언젠가부터 홈페이지를 고급스럽고 멋있게 제작했다. 그리고 세상 사람들의 눈에 맞추려 했다. 그래서 홈페이지가 복음의 통로가 되지 못한 것이 사실이다. 믿지 않는 사람들이 교회 홈페이지를 실수로 방문해도 그 안에서는 예수님을 만날 수 없는 것이었다. 그들에게 교회는 그냥 종교단체이다. 물론, 목사님의 설교가 있긴 하지만, 예수님이 없는 자리는 기적이 일어날 수 없다.

이 시대는 목사님들의 설교가 홍수같이 많다. 유튜브에 들어가면 수십만 조회수를 기록하는 유명 목사님들의 설교영상이 많다. 그것으로 모든 사람이 구원받는 것은 아닐 것이다. 오히려 말씀에 갈급한 사람이 많다. 30,000개의 교회 홈페이지에 예수님을 소개해만 해도 성공하는 것이다.

어떤 공간과 환경에서도 말씀의 능력이 나타나야 한다. 그 말씀이 예수님이다. 말씀이 육신이 되었고, 육신으로 오신 예수님이 능력이고 복음이다. 이 책을 읽는 목회자들이 교회 홈 페이지를 그런 방향으로 고민하여 수정했으면 좋겠다. 교회 소개 메뉴에 예수님을 소개한다면 얼마나 큰 은혜가 있는 홈 페이지가 될까! 생각만 해도 감동이 밀려온다.

현재 내가 중점적으로 하고 있는 사역은 포털사이트에 예수 님을 알리는 것이다. 그리고 내가 방문하는 교회들의 정보를 그 지역 사람들이 볼 수 있도록 블로그와 카페, 그리고 많은 소상공인이 이용하는 카카오채널에 올린다. 카카오채널은 단 체와 금융기관 등 많은 곳에서 이용한다. 교회는 비영리 기관 이기에 제작해놓고 주소와 연락처와 예배시간 등 올려놓기만 해도 카카오톡과 다음 포털사이트에 노출될 수 있다. 누구나 쉽게 교회 정보를 올릴 수 있다. 자신이 올린 작은 사역 홍보 가 영혼을 구원하는 전도의 통로가 된다는 것을 알아야 한다. 우리는 주님의 통로다.

우리를 통해서 하나님나라가 선포되고 하나님의 영광이 드 러나게 된다. 우리의 약함이 강함이 되고, 우리의 약함으로 하나님의 능력이 나타나기 때문이다. 지식이 아니라, 하나님 의 능력으로 예수님을 전하는 것이다.

은혜는 거저 주시는 것이다. 예수님은 우리를 위해 십자가에서 대신 죄를 지시고 죽으시고 부활하셨지만, 그 희생의 대가를 우리에게 갚으라고 하신 적이 없다. 예수님은 오히려 우리가 천국에 갈 수 있는 구원을 선물로 주셨다. 구원의 은혜는 세상 어떤 것과 비교할 수 없이 귀하다. 이 은혜는 사람이 만들 수 있는 것이 아니다. 생명을 살리는 은혜는 오직 예수 그리스도에게서 나온다. 우리는 이 은혜를 받은 대로 나누는 것이다. 교회가 이 은혜를 나누기 위해 연합해야 한다. 인터넷은 연합할 수 있는 좋은 도구다.

2019년 다니엘기도회가 오륜교회에서 진행되었다. 수년간 지속하여 해온 열매라는 생각이 들었다. 2019년 다니엘기도회는 12,000개 이상의 교회가 참여하여 유튜브로 생중계했다. 놀라운 기적이 일어난 것이다. 인터넷을 통한 초대형 연합 기도회가 되었다. 이 기도회를 생중계할 수 있었던 것은 유튜브라는 공간도 필요했지만, 우리나라의 초고속 인터넷 설비 덕분이기도 하다.

이것은 현시대이기에 가능한 사역이다. 다른 국가들은 열악한 인터넷 환경 때문에 하고 싶어도 할 수 없다. 우리나라에

서만 가능할 것이다. 서로 다른 색깔의 목회를 하는 100여 교
단에 속한 교회들이 이러한 기적 같은 일을 만들어 하나님께
영광을 돌리는 시간이 되었다. 2019년 다니엘기도회는 많은
교회와 성도가 인터넷을 이용하여 이룬 연합 사역이었다.

"이를 위하여 나도 내 속에서 능력으로 역사하시는 이의 역
사를 따라 힘을 다하여 수고하노라"(골 1:29)

29
인터넷 전도의 능력

인터넷 전도를 하면서 많은 간증을 듣고 있다. 나이가 든 목회자들과 사역자들이 와서 이런 상황에 충격받고 인터넷 사역에 관심을 보였다. 나는 부산의 목회자들에게 초청받아 실습 위주로 모바일 전도를 강의한 적이 있다. 강의 2주 차에 어떤 목사님이 자기가 목회하는 교회의 이야기를 했다. 그는 상가 교회에서 환경이 좋은 곳으로 이전하고 새로운 마음으로 목회를 했지만, 4년간 한 명도 등록하지 않았다. 그런데 첫 강의를 듣고 교회 사진과 기본 정보를 네이버 블로그에 올려놓았는데, 어떤 청년이 그 주에 교회가 있는 지역으로 이사와서 인터넷에 게시된 교회정보를 보고 찾아와서 등록했다고 한다.

내가 협동목사로 있는 대전중문교회는 부흥사로 활동하는 장경동 목사님이 시무하는 교회다. 이 교회는 나와의 인연이 특별하다. 사역하려고 대전에 내려왔다가 성경읽기 사역을 소개하러 대전중문교회에 갔을 때 장경동 목사님은 계시지 않았고 관리 집사님만 있었다. 나는 관리 집사님에게 담임 목사님은 안 계시니 다른 교역자들이라도 만나고 싶다고 했다. 그러자 나를 신천지 교인으로 오해해서 나가라고 했다. 내가 그에게 명함을 주자, 생소한 선교회 이름이 적혀 있는 것을 보고서도 여전히 나를 수상하게 여겼다. 사실 대전은 많은 교회가 신천지로 인해 피해를 보았다고 한다. 이런 상황인지라, 대전에 와서 낯선 사역자가 교회들을 방문하는 것은 절대 쉬운 일이 아니었다.

나는 오직 교회를 위해 방문한 것이었다. 그러나 교회에서 쫓겨나자 억울하고 처량하여 하나님께 기도드렸다. 다음에 올 때는 내가 쫓겨난 그 방에서 장경동 목사님과 많은 교역자에게 강의할 수 있도록 해달라고 했다. 그 기도 덕분인지 3개월 정도 지난 후 기적 같은 일이 일어났다. 어느 교회를 방문했을 때 그 교회에서 우연히 장경동 목사님을 만나게 된 것이다. 내가 요즘 시대에는 모바일로 복음을 전해야 한다고 하자, 장경동 목사님은 좋은 사역을 한다고 하면서 대전중문교회에 와서 강의해달라고 했다. 그리하여 쫓겨난 지 3개월 만에 그 강의실에서 모바일전도 세미나를 하게 되었다. 장경동 목사님, 교역자들, 그리고 나를 쫓아냈던 관리 집사님까지 내 강의를 듣게 되었다.

대전중문교회는 유튜브 방송을 활발하게 하고 있으며, 인터넷을 통해 교회 사역을 알리는 성도들이 늘어나고 있다. 앞으로 교회는 이렇게 변해야 한다. 우리는 하나님의 은혜를 받아 복음을 전해야 할 사람들이다. 우리는 세상 사람들과 다른 하나님나라의 백성이며, 천국을 향하는 순례자들이다.

나와 동갑이며 어린 시절에 교회학교를 함께 다녔던 목사님의 아들이 있다. 훗날 목사님이 된 그를 인터넷을 통해 만나게 되었다. 그는 김포 한강신도시에서 카페 교회를 시작했다. 그 지역은 젊은 사람들이 많이 사는 아파트 밀집 지역이다. 하지만 주변 상가들은 임대료가 비싸고 땅값이 크게 올라서 큰 교회는 들어오기 어려운 지역이었다.

어느 날, 친구 목사님이 나를 초대하여 그 지역을 찾아갔다. 당시만 해도 그 주변은 벌판이었다. 그리하여 멀리 보이는 아파트 단지들을 대상으로 카페 손님들을 모셔야 했다. 그는 나에게 카페 교회가 인터넷에 노출될 수 있도록 홍보를 부탁했다. 그래서 나는 신도시의 특성상 인터넷 홍보가 필요하다는 판단으로 몇 개월간 네이버 블로그와 소셜네트워크를 통해 홍보해 주었다.

당시 그 카페 교회는 가족만 예배를 드리고 있었다. 그러나 몇 개월이 지나자 놀라운 일이 일어났다. 그는 젊은 사람들이 교회에 찾아오고 있다고 했다. 카페 교회는 특별한 전도를 하지 않았는데 언젠가부터 수십 명씩 늘어났다. 그래서 그는 성도들에게 어떤 경로로 교회에 찾아왔는지 물어보았다고 한다. 성도들은 모두 인터넷에 올라온 글을 보고 찾아왔다고 했다. 이 시대는 인터넷을 통해 전도가 된다는 것을 확증했다.

"우리가 이같이 큰 구원을 등한히 여기면 어찌 그 보응을 피하리요 이 구원은 처음에 주로 말씀하신 바요 들은 자들이 우리에게 확증한 바니"(히 2:3)

30
인쇄소 사장님의 회심

2020년 현재 만화세트 부문 베스트셀러 1위인 『만화로 읽는 천로역정』(생명의말씀사)의 저자 최철규 만화가는 하나님의 사랑을 많이 받은 사람이다. 우화소설 『천로역정』의 저자인 영국의 존 번연은 설교가이자 작가였다. 천로역정은 전 세계 그리스도인들에게 성경 다음으로 많이 판매되고 읽힌 책이다. 최 작가는 존 번연의 천로역정을 어머니 유품으로 간직하다가 자신이 살던 강남 가로수길의 아파트를 처분하고 광주시 오포의 시골로 내려갔다. 크리스천의 순례를 이야기하는 천로역정을 만화로 그리기로 마음먹었기 때문이다.

최 작가는 여러 만화가가 공동으로 작업해야 하는 대형 작품을 혼자서 그리다가 손가락 인대가 파열하는 고통을 겪기도 했다. 그는 천로역정의 내용처럼 어려운 시간을 보내면서 결국 6년 만에 작업을 마칠 수 있었다. 그리고 도서출판 생명의말씀사가 2019년 3월에 『만화로 읽는 천로역정』을 출판하여 단기간에 베스트셀러 작가가 되었다. 그의 간증은 현재 유튜브에서 시청할 수 있다.

최철규 작가와 나는 2018년 12월에 짧은 만남을 갖고 최 작가의 간증 만화 『작은 나의 고백』을 함께 출판했다. 이 만화는 도서출판 현진의 대표 노창호 사장님을 통해 인쇄했다. 노 대표는 나의 사촌 매형이다. 나는 평소 사촌 누나와 매형을 전도하기 위해 만날 때마다 복음을 전했지만, 잘 받아들이지 않았다. 또한, 내가 출장을 자주 다니고 바빠서 전도하기가 쉽지 않아 만화책 출판을 기회 삼아 매형을 먼저 전도하기로 마음먹었다. 그래서 노 대표에게 최 작가의 만화를 자세히 읽어 보고 서평을 해달라고 했다. 그는 만화를 읽고서 며칠 후 나에게 그 내용이 사실이냐고 물어보았다. 나는 최 작가가 까치를 그려서 명성을 떨친 이현세 만화가의 제자라고 소개했다. 그리고 『작은 나의 고백』은 최 작가가 하나님의 치유하심을 받아 기적적으로 살게 된 실화를 그린 것이라고 했다.

그 후 우리는 만화책 출간에 앞서 인증기를 보고 인쇄 과정을 꼼꼼히 살펴보려고 인쇄소를 방문하여 노 대표에게 인사했다. 그는 최 작가를 만나고 만화 내용이 사실이냐고 다시금 물어보았다. 그는 최 작가에게서 만화 내용이 사실이라는 말을 듣더니 나에게 다가와 "동생, 나 이제부터 교회를 다녀야 할 것 같아."라고 했다. 그는 현재 고양시에 있는 로고스교회(담임 안성우목사)에 출석한다. 1년 동안 신앙생활을 한 후 새신자 옷을 벗었고, 가족과 함께 주일마다 예배드리는 성도의 삶을 살고 있다.

최 작가는 폐 수술을 하기 4시간 전 병원 기도실에 올라가 하나님께 살려달라고 기도했다. 폐는 재생될 수 없는 장기이지만, 하나님께서는 그의 폐를 치유하셨다. 인간이 할 수 없는 일을 하나님이 하신 것이다. 최 작가의 고백이 많은 영혼을 구원하는 데 쓰임 받았다. 나는 『작은 나의 고백』의 뒤표지에 이렇게 인쇄했다.

"이 도서는 전도용 만화책으로 출간되었습니다."

"그러나 우리는 그들이 우리와 동일하게 주 예수의 은혜로
구원 받는 줄을 믿노라 하니라"(행 15:11)

PART 3

기도의 능력으로
살아계심

31
어린 시절의 기도응답

　나는 초등학교 시절에 항상 이불 속에서 하나님과 대화하고서 잠을 잤다. 모태신앙인이었던 내 안에는 예수님이 항상 친구처럼 계셨고, 하나님은 나를 매우 사랑해 주셨다. 초등학교 6학년 2학기가 시작되던 어느 날, 잠이 들기 전에 이불 속에서 하나님께 무심코 기도했다.

　"하나님 아버지, 제가 6학년 졸업반인데 마지막 추억을 주세요. 반대항 축구대회가 열려서 결승전까지 올라가 동점 상황에서 마지막에 골키퍼로서 골을 넣고 우승하여 전교생 앞에 스타가 되게 해주세요."

　나는 당시 보물섬이라는 월간만화를 워낙 좋아해서 그런지 만화를 제법 잘 그렸고, 특히 명랑만화를 좋아해서 만화 같은 상상을 많이 했다.

　졸업을 앞두고 반대항 축구대회를 개최할 이유가 없었을 때 왜 그런 기도를 했을까? 하지만 반전이 일어났다. 6학년 2학기에 들어서자, 축구를 매우 좋아하는 교장 선생님이 새로 오셨다. 그래서 졸업기념으로 6학년 학생만 반대항 축구대회를 열게 되었다. 기적 같은 일이었지만, 그때는 이불 속에서 한 기도를 잊고 있었다. 나는 만화처럼 골키퍼를 하고 싶었지만, 반 아이들은 내가 골키퍼를 하도록 놔두지 않았다. 나는 공을 그다지 잘 차지는 못했지만, 학교 대표 육상선수였기에 담임 선생님이 나를 공격수로 정해 놓았다.

우리 반은 전력이 그리 강하지 않아 다른 반들이 만만하게 보았다. 그래서 경기할 때마다 정말 열심히 뛰었다. 또한, 반 전체의 유별난 응원을 힘입어 승승장구하며 예선에서 승리했다. 결국, 준결승까지 올라갔다. 긴장감이 몰려왔다. 한 경기만 하면 우승까지 올라가는 것이기에 정말 최선을 다했다. 준결승에서 전반전에 1:1 상황까지 만들었다. 선생님은 무승부를 만들어서 승부차기로 이기려고 계획했다. 후반전이 되자, 선생님은 갑자기 나를 골키퍼로 세우더니 무승부로 마무리하려는 작전을 짰다. 팽팽한 경기력 때문에 후반전에는 골이 나오지 않았다. 우리 반은 경기가 끝나갈 무렵에 마지막 코너킥을 획득했다. 선생님은 골키퍼인 나에게도 상대팀 골대 앞으로 가라고 지시했다. 나는 상대팀 골대를 향해 전속력으로 달렸다.

　단거리 육상선수로 뛰고 있던 나는 치타처럼 달렸다. 상대 팀 골대에 다가가는데 갑자기 공이 내 머리에 맞았다. 그리고 공이 골문으로 들어갔다. 눈을 떠보니 공이 그물에 걸려있었다. 그때 호루라기가 울렸다. 시합은 종료되었고, 우레와 같은 함성이 하늘을 찔렀다. 나는 결승골을 넣은 주인공으로 스타가 되었다. 공격수도 아닌 골키퍼가 골을 넣은 것이었다. 준결승전에서의 골이긴 했지만, 결승전처럼 감격스러웠다.

　다른 반 아이들과 우리 반 여자아이들도 모두 나에게 박수를 보냈다. 우승까지는 못 했지만, 하나님은 내가 기도한 것처럼 초등학교 마지막 추억을 기도의 응답으로 선물해 주셨다. 그렇게 나는 어릴 적에 이불 속에서 하나님과 대화하며 사랑받고 자랐다.

　"예수는 지혜와 키가 자라가며 하나님과 사람에게 더욱 사랑스러워 가시더라"(눅 2:52)

32

스물다섯 살 때 육체에 질병이 찾아와 심한 고통을 받았다. 척추 디스크였다. 나는 당시 Y제과에서 영업사원으로 일했다. 욕심이 너무 커서 날마다 무리하게 일했다. 결국, 허리부터 발가락까지 모든 신경이 눌려서 잠을 제대로 못 잘 정도로 아팠다.

나는 영업을 잘하고 싶었다. 그 때문에 나는 날마다 저녁 8시~9시에 영업소로 돌아왔고, 창고 담당자는 퇴근이 늦어진다는 이유로 나와 날마다 다퉜다. 결국, 나는 입사 두 달 만에 전국에서 가장 큰 영업소의 판매왕이 되었다. 1년 동안 우리 영업소에서 판매왕을 이어갔고, 전국 판매왕이 되기 위해 엄청난 노력을 했다.

그러던 어느 날, 척추에 통증이 몰려왔다. 허리와 허벅지가 너무 아파서 병원에 가보니 진통제만 처방해주었다. 그 후로도 계속 아팠지만 일을 계속했다. 한 달이 지나자, 허벅지가 아프던 것이 무릎이 아프기 시작했고, 그다음에는 발목이 아프더니 발가락만 아팠다. 그리고 송곳으로 허리를 찌르는 것 같은 통증이 왔다.

작은 병원에서 디스크 같으니 큰 병원에 가보라고 했다. 걷는 것이 힘들어 지팡이를 의지했고, 나중에는 앉는 것도 힘들게 되었다. 그래도 판매 욕심 때문에 일을 멈추지 않았다. 결국, 일을 정상적으로 하지 못하자, 회사는 두 달 동안 치료하라고 나에게 병가를 주었다. 하지만 회복이 되지 않았고, 일을 그만둘 수밖에 없었다. 나는 집에서 요양하며 누워있었다. 척추 디스크가 그렇게 아픈지 몰랐다. 그래도 병원은 가지 않았다. 수술하고 싶지 않았다. 너무 아파서 눈물이 저절로 나왔고, 통증을 참으려 수건을 입에 물고 버텼다.

가족들이 병원에 가자고 했지만, 나을 때까지 누워서 버티려고 했다. 앉는 것이 어려워 밥 먹기도 쉽지 않았다. 죽을 쑤어 달라고 해서 큰 빨대로 먹으려고 했지만, 그것도 쉽지 않아 굶을 때가 많았다. 세상에 이렇게 아플 수가! 나는 어느 정도의 통증은 참을 만한 인내심이 있었지만, 척추 디스크가 그렇게 아프고 걷지 못할 정도로 무서운 병인 줄은 몰랐다. 결국, 비명이 나오기 시작했고, 하나님께 부르짖었다. 눈물을 흘리면서 정말 간절히 기도했다.

"하나님 그 동안 교회에 다니지 않은 것을 용서해주세요. 제가 잘못했습니다. 만약, 수술하지 않고도 허리를 치유해주시면 평생 교회를 안 빠지고 다니겠습니다."

내가 통증으로 비명을 지르자, 가족들이 나를 자동차에 태워 병원으로 데려갔다. 의사는 진찰하고 CT를 찍더니, 신경이 발가락까지 내려갔는데 버티는 사람은 처음 보았다고 했다. 이 정도로 척추 디스크가 악화하도록 병원에 오지 않을수 있냐는 것이었다. 옆에 서 있던 어머니는 내가 중학생 때 깨진 병에 발을 베어 뼈가 드러날 정도로 상처를 입었지만, 살이 썩을 때까지 버틴 놈이라고 거들었다.

의사는 무조건 수술해서 신경을 제거해야 한다고 했다. 나는 수술하면 척추가 주저앉아 아예 허리를 못 쓸 것 같은 예감이 들었다. 그래서 의사에게 일주일간 물리치료를 받고 낫지 않으면 수술하겠다고 했다. 가족들은 나의 고집에 어쩔 수 없이 그렇게 하자고 했다. 그 후 물리치료를 받던 중에 통증이

사라지고 더는 아프지 않았다. 하나님이 수술 없이 깨끗하게
고쳐주셨다. 서원기도에 응답하신 것이다. 살아 계신 하나님
을 찬양했다.

"예수께서 나오사 큰 무리를 보시고 불쌍히 여기사 그 중에
있는 병자를 고쳐 주시니라"(마 14:14)

33

뒤늦게 신학을 시작해서 그런지 거룩한 열정과 욕심이 남다르게 컸다. 그때의 기도제목은 돈 많은 장로님의 딸을 달라는 것이었다. 새벽예배 때마다 그런 배우자를 달라고 부르짖어서 주님이 응답하셨는지, 언제부터인가 어떤 자매가 같은 시간에 늘 내 옆에서 기도했다.

그 자매가 마음에 들어 고백하려고 할 즈음에 예언사역을 하는 어떤 목사님이 철야 축복성회에 강사로 왔다. 그는 신학생인 나에게 여의도순복음교회의 조용기 목사님보다 큰 사역자로 준비하셨다고 했다.

그의 말에 많은 사람이 나를 바라보았다. 말도 안 되는 소리 같았지만, 기분은 좋았다. 하나님이 나 같은 별 볼 일 없는 사람에게 세계에서 가장 큰 교회를 담임하고 전 세계를 다니는 목사님보다 크게 쓰신다고 하니 영광이었다. 그의 예언

대로 되면 나에게 물질도 풍족하게 될 거라는 생각에 기분이
더 좋았다.

집회가 끝나고 여의도순복음교회에서 신학교로 가려면 서
강대교를 건너는 버스를 타야 했다. 하지만 돈도 아끼고 운동
도 할 겸 대교 위로 걸어갔다. 그때 조금 전에 들었던 예언이
떠올라 기분이 정말 좋았다. 그리고 하늘을 우러러보면서 큰
소리로 기도했다.
　"아버지 하나님, 이왕 제가 잘되면 돈 많은 집안의 딸이
　아니라, 세상에서 가장 불쌍한 여자를 보내주세요. 그 불
　쌍한 여자가 저를 만나 행복하게 살 수 있잖아요."

다음날 새벽기도회 때 항상 내 옆에서 예배드리던 자매님이
보이지 않았다. 그리고 며칠 후 우리 교구 담당 전도사님이
입원해서 병문안을 가게 되었다. 교구 전도사님은 정말 건강
했는데 과로로 입원한 것 같았다.
　그런데 한 번도 본 적이 없던 자매가 병실에 있었다. 자매
는 나를 바라보며 뜨거운 눈짓으로 유혹했다. 유혹의 눈짓을
받지 말았어야 했는데, 결국 그 자매가 내 아내가 되었다.
　첫눈에 반해서 잠시 연애하고 결혼했지만, 한강 다리에서

기도한 대로 정말 찢어지게 가난한 여자, 아니 정말 불쌍한 여자가 맞는 것 같다. 아내는 매우 어려운 가정에서 7남매로 자랐다고 한다. 내가 한강 다리에서 기도한 것이 응답받은 것일까? 역시 서원기도는 정말 신중히 생각하고 해야 한다.

기도의 응답대로 결혼하고 5년이 지난 후, 어느 교계 모임에서 청년 때 새벽기도에 나와 내 옆에서 기도하던 자매를 보았다. 그때는 장로님의 딸을 배필로 달라고 기도할 때였고, 또 마침 한 자매가 내 옆에서 기도하길래 응답이 아닐까 생각했는데, 내 동기 목사님이 그 자매에게 아는 척하는 것이 아닌가. 그래서 나는 "목사님, 저 자매를 아세요?"라고 물었다.
그러자 그는 "당연히 알지요. 조용기 목사님과 해외사역을 다니시던 장로님의 딸입니다. 그 장로님은 유명한 분이에요."라고 했다. 갑자기 소름이 돋았다. 역시 하나님은 기도대로 응답하시려고 했는데, 내가 서원기도를 하자 그때 예비하신 여자가 바뀐 것인지도 모른다는 생각이 든다. 물론, 지금 나는 아내와 잘 살고 있다.

"주 하나님이여 주께서 나의 서원을 들으시고 주의 이름을 경외하는 자가 얻을 기업을 내게 주셨나이다"(시 61:5)

34
아르바이트생의 성령세례

택함받은 자에게는 성령님의 역사가 강력하게 일어난다. 한 영혼을 주님께 인도하기 위해 노력하는 사람은 주님을 감동하게 한다. 성령님은 이런 사람에게 기름을 부으셔서 하나님의 살아계심을 체험하도록 하신다.

무더위가 기승을 부리던 어느 여름날이었다. 하나님은 교회에 두 명의 대학생을 보내주셨다. 두 명 중 하나는 외사촌 동생이었고, 하나는 그의 친구였다. 둘의 공통점은 어머니들이 모두 전도사님이었다. 그 전도사님들은 아들들이 하나님을 뜨겁게 만나기를 간절히 바라서 목회를 하던 나에게 그들을 보낸 것이었다. 사역자의 자녀들은 보통 모태신앙이며, 부모의 믿음과 사역으로 인한 갈등으로 사춘기에 삐뚤어지기도 한다. 외사촌 동생도 마찬가지로 신앙의 갈등이 있었다. 그래서 그들이 교회에서 숙식하며 새벽기도를 하고 성령님을 받기를 원하여 나에게 보낸 것이었다.

나는 당시 목회하면서 신학교에 다녔고, 광고사업을 그만 두기 전에 틈틈이 일하며 생활비를 벌었다. 동생들은 낮에 내가 하던 일을 했고, 밤에는 교회에 모기장을 치고 잠을 잤다. 이 두 대학생이 하나님을 만나도록 도와주어야 할 것 같았다. 매일 새벽기도와 전도를 하면서 교회의 사역을 경험하게 하고 초대교회의 모습을 보여주었다. 두 주가 지난 후 스물한 살 된 아르바이트생이 구인광고를 보고 찾아왔길래, 나는 면접을 하고 그를 채용했다. 그 청년은 부모 없이 자랐고, 몸도 건강하지 않았다. 심하지 않은 것 같았지만, 우울증도 있어 보였다. 교회는 당연히 한 번도 가본 적이 없었다.

그러던 어느 날, 동생들에게 성령님을 뜨겁게 만날 기회를 주어야 할 때가 되었다는 생각이 들었다. 그래서 친한 동기 전도사님에게 전화해서 그가 운영하는 기도원에서 성령대망회를 하기로 계획했다. 그곳에서 성령대망회를 할 거라고 동생들에게 말하면 안 갈 것 같았다. 그래서 내가 잘 아는 전도사님이 운영하는 기도원에 가서 저녁에 삼겹살을 먹고 오자고 달래서 데리고 갔다. 그때 새로 들어온 아르바이트생도 함께 갔다.

산속에서 먹는 삼겹살은 정말 꿀맛이었다. 동생들과 아르바이트생도 매우 좋아했다. 또 맛있는 차를 마시면서 이런저런 이야기를 하다가 기도원으로 갔다. 잠깐 기도회를 하고 가자고 제안하고서 기도원에 들어갔다. 나는 집회를 인도하면서 이 청년들, 특히 외사촌 동생과 그의 친구를 주님께 맡겨드리면서 성령님의 임재를 구했다. 한 시간이 넘도록 뜨겁게 기도하던 중 아르바이트생이 갑자기 방언을 말하기 시작했다.

하나님은 부모 없이 자라면서 교회를 한 번도 가보지 않은 청년을 강력하게 만나 주셨다. 청년은 방언을 받고서 눈물을 흘리며 뜨겁게 기도했다. 나는 외사촌 동생과 그의 친구가 성령님을 체험하기를 원했지만, 하나님은 다른 청년에게 강하게 역사하셨다. 눈물과 콧물을 흘리면서 방언으로 회개하고 찬양을 따라 하면서 은혜를 받았다. 하나님은 주님의 사랑에 목마른 사람에게 살아계심을 보여주셨다.

"베드로와 함께 온 할례 받은 신자들이 이방인들에게도 성령 부어 주심으로 말미암아 놀라니 이는 방언을 말하며 하나님 높임을 들음이러라"(행 10:45,46)

35
중보기도의 열매

　나의 간증은 성경의 사도행전처럼 하나님의 살아 계심을 증거한다. 간증하면 믿음이 연약한 성도들에게서 상담요청이 들어온다. 그래서 내가 간증하는 이유는 하나님의 은혜를 많은 이들에게 전하고픈 몸부림이다.

　회사를 운영할 때 유학생 출신의 청년이 직원으로 들어왔다. 두뇌가 비상하고 성실한 청년이었다. 그는 유학시절에 교회를 다녔지만, 하나님은 만나지 못했다. 체험이 없었던 것이다. 그와 청년금요철야 예배에 참석하고 기도했다. 몇몇 직원도 같이 예배하고 하나님을 인격적으로 만나는 귀한 은혜를 받았다.

　그는 김포에 살았기에 가까운 교회를 다니게 되었다. 그러나 청년부에 새신자 등록을 하고서 고민이 생겼다. 새신자를 관리하는 여자 구역장에게 첫눈에 반했다는 것이다. 교회에서 봉사하는 지도자의 특성상 사적인 감정으로 사역하지는 않기에 쉽지 않으리라고 생각했다. 그러나 그는 나에게 도와달라고 했다. 나는 그녀를 알지 못했고, 내가 속한 교회가 아니었기에 일면식도 없는 여성에게 접근하기는 쉽지 않았다. 그래서 그에게 새신자가 새벽기도회에 함께 다니자고 하면 동행해줄지도 모르니 그렇게 해보라고 했다.

그는 구역장에게 자신이 다급한 기도제목이 있어서 새벽기도를 하고 싶은데 교회에 처음 와서 잘 모르니 자신의 자동차로 같이 다닐 수 있는지를 물었다. 그녀는 새신자가 새벽기도회에 다니자고 하니 거절하기 어려웠다. 그렇게 처음에는 구역장만 태우고 다니다가 나중에는 그녀의 어머니 권사님도 새벽기도회에 나오게 되어 함께 다니게 되었다.

그녀의 어머니는 매일 새벽기도회에 나가는 청년의 성실함이 마음에 들었다. 그 후로도 그는 몇 개월을 같이 다니면서 모녀에게 후한 점수를 받았다. 그는 명절이 되면 그녀에게 프러포즈할 것이라고 나에게 말했다. 그러나 자신이 없으니, 프러포즈하는 시간에 중보기도를 해달라고 부탁했다. 그는 프

러포즈하는 시간에 나는 중보기도하고, 그는 자신의 마음을
전한다는 것이었다.

주님이 허락하시면 좋은 커플이 되게 해주실 것이다. 믿음
으로 행하면 좋은 배필을 허락하시는 하나님이시니, 나는 명
절에 그를 위해 간절히 기도하고 좋은 날 되길 바랐다. 그 결
과 그는 그녀와의 교제를 승낙받았다. 사실 나는 그에게 프
러포즈를 담대하게 하라고 격려했다. 성실하고 순수하니 사
랑의 열매를 맺을 것으로 생각해서 그랬다. 그의 신앙을 통해
하나님이 기뻐하시는 하나의 작은 교회 공동체가 탄생했다.
기도로 믿음의 분량이 채워지게 된 것이다.

> "그에게서 온 몸이 각 마디를 통하여 도움을 받음으로 연결
> 되고 결합되어 각 지체의 분량대로 역사하여 그 몸을 자라
> 게 하며 사랑 안에서 스스로 세우느니라"(엡 4:16)

36
가위눌림을 치유하심

어릴 적에 부모님과 여의도광장으로 소풍을 갔다. 당시 여
의도광장은 엄청나게 컸고 자전거와 롤러스케이트를 탈 수 있
는 곳이었다. 지금은 여의도공원과 광장이 반반 조성되어 있
다. 내가 부모님과 소풍을 갔을 때는 유치원도 다니지 않은
어린아이였을 것이다. 그런데 내 앞에서 오토바이와 자전거
가 정면으로 충돌하면서 여자가 죽어가는 것을 보았다. 그리
고 그때 받은 충격으로 밤마다 경기를 일으키고 울었다.

그 후로 뉴스에서 인재사건과 사고를 보면 어김없이 가위에
눌렸다. 성수대교 붕괴, 삼풍백화점 붕괴, 대구 지하철 화재,
아현동 가스폭발 등을 볼 때마다 악몽을 꾸고 가위에 눌렸다.
그리고 청년 때 하나님을 인격적으로 만나고 기도하고 기쁨으
로 예배하니 모든 것이 치유되었다. 복숭아라는 말만 들어도
몸에 두드러기가 일어나 학교에 가지 못할 정도였는데, 그 후

두드러기가 한 번도 일어나지 않았다. 어깨가 빠지는 증상도 마찬가지였다. 이런 기적 같은 일을 경험하고 나니 다른 사람들이 질병으로 고통당하는 것을 보면, 교회에 가서 예배드리고 기도하면 치유된다고 확신에 차서 말할 수 있었다.

직원 중에 6개월 동안 가위눌린 청년이 있었다. 너무 괴로워서 밤마다 술을 의지한다고 했다. 나는 교회에 같이 가자고 했지만, 그는 절대로 교회에 안 간다고 고집을 피웠다. 그래서 교회에 가서 예배 드리고도 가위눌림이 없어지지 않으면 다시는 교회에 가자는 말을 하지 않겠다고 했다. 그는 곰곰이 생각하더니 좋다고 했다. 약속을 지켜달라고 하면서 주일에는 못 가고 금요철야 예배에 오겠다고 했다. 나도 그것이 좋겠다고 했다. 모든 것은 성령님이 인도하실 줄 믿고 순종했다.

금요일이 되자, 우리는 철야예배에 참석하여 예배 드리며 손잡고 기도했다. 그는 은혜를 받아 울면서 찬양을 따라 부르기 시작했다. 예배가 끝나자, 그는 나에게 정말 좋았다고 했다. 나는 가위눌림이 어떻게 되었는지를 다음날에 물어보지 못하고, 며칠 지나서 물어보았다. 아직도 가위눌림이 있냐고 묻자, 그는 그날 이후로는 한 번도 가위눌린 적이 없다고 했

다. 6개월 동안의 가위눌림에서 해방된 것이다. 하나님께서
치유하셨다.

> "그리하면 네 빛이 새벽 같이 비칠 것이며 네 치유가 급속
> 할 것이며 네 공의가 네 앞에 행하고 여호와의 영광이 네
> 뒤에 호위하리니"(사 58:8)

37
아들의 목숨을 위해 기도한 권사님

어느 수요일에 일어난 사건이다. 누군가가 교회 문을 두드리며 "전도사님, 전도사님, 안에 계세요." 하는 소리가 들렸다. 큰일이 난 것 같았다. 지하에서 상가 3층으로 이전을 하고 6개월 정도 되었을 때였다. 교회에서 늘 몇 시간씩 기도하는 권사님이 문을 두드린 것이었다. 나는 무슨 일이 났다고 생각하고서 문을 열었다. 그러자 권사님이 내 다리를 붙잡고 "전도사님, 내 아들을 살려주세요. 내 아들을 제발 살려주세요." 하며 울었다. 내가 "아드님이 무슨 사고를 당했나요?"라고 묻자, 둘째 아들이 병원에서 죽어가고 있다고 했다. 사흘 밖에 살지 못한다고 의사가 말했다는 것이다.

권사님은 그 말을 듣고 교회로 달려와서 나에게 살려달라고 애원했다. 아들이 급성폐렴으로 쓰러져 못 일어나고 있었다. 권사님은 폐렴이 과연 죽을병인지 생각했지만, 의사는 급성폐렴은 사람을 곧 죽게 할 수도 있는 위중한 병이라고 했다. 내가 "권사님, 흥분을 가라앉히고 진정하세요."라고 말하자, 예배를 인도해달라고 했다. 너무 흥분하고 놀란 권사님을 진정시키기 위해 곧바로 함께 예배드렸다. 수요예배는 저녁에 드리는데 급작스럽게 오전에 드리게 되었다. 권사님은 돈이 있으면 거의 헌금하기에 절제하느라 며느리에게 매일 몇천 원씩 받아 쓰는 분이었다. 그런데 30,000원을 어디서 빌려와 헌금하고서 하나님께 다 드렸으니 자기 아들이 일어나도록 기도해달라고 했다.

나는 기도한 후 병원 이름과 현재 상황에 대한 정보를 듣고서 이튿날 기도해주러 병원에 갈 것이라고 말했다. 권사님은 그 아들이 죽으면 자기도 따라 죽겠다고 하면서 제발 나보고 살려달라고 애원하며 울었다. 자신이 유별나게 예수 믿는 거 아파트 동네 주민들이 다 알기에 복은 못 받을망정 아들이 죽었다는 소문이 떠돌면 하나님의 영광을 가린다고 말했다.

나는 꼭 나아서 일어날 것이니 너무 걱정하지 말라며 권사님을 간신히 진정시킨 후 집으로 돌려보냈다. 유난히 아들을 우상처럼 받들며 자랑하던 사람이라 안타까웠다. 나는 저녁에 문득 이튿날 기도하면 그 아들이 기적같이 일어날 것이라는 소망으로 산에서 기도할 생각을 했다. 그때는 몹시 추운 겨울이었다. 밤늦게 철마산에 올랐다. 그 겨울은 유난히 눈도 많이 내려 무릎까지 쌓였다. 산에 오르자, 기도 중인 어느 목사님들과 사모님이 있었다. 평소 알고 지내는 이들이 있어서 중보기도를 요청했다. 그들은 같이 기도하자고 하면서 밤새도록 중보기도를 해주었다. 그때 탄자니아에서 선교하는 이기범 선교사님을 만나 지금까지 교제하고 있다.

중보해준 목사님들과 사모님이 정말 고마웠다. 권사님의 아들이 치유되는 기적이 일어날 것 같았다. 다음날 외숙모 송혜경 목사님과 우리 부부가 병원을 방문했다. 그러나 병원에서 중환자실에는 못 들어가게 하자, 권사님이 사정을 간곡히 부탁하여 결국 나 혼자 중환자실에 들어가게 되었다.

그 아들을 본 적이 있었지만, 얼굴을 못 알아볼 정도로 부어 있었고 금방이라도 숨이 끊어질 것처럼 헐떡였다. 나는 모든 상황을 주님에게 맡기고 "이 상황을 예수님의 피로 덮으소서."라고 기도했다. 뜨거운 눈물이 계속 흘러나왔다. 그때까지 그렇게 뜨거운 눈물을 흘려본 적이 없다. 기도하고 나오자, 담당 의사가 사흘이 고비라고 말했다. 나는 권사님에게 성령님이 일하고 계신다고 말하고서 조용히 기도하며 기다리자고 했다. 교회로 돌아와서 서울에 있는 신학교로 가야 하기에 시간에 쫓겨 정신없이 없었다. 사흘 후 권사님이 전화를 걸어 아들의 소식을 전했다. 아들이 극적으로 회복 중이라고 했다. 살아 계신 하나님께 감사하며 영광을 돌렸다.

나는 아들을 살리려는 어머니의 목숨 건 기도로 하나님이 그를 살려주셨다고 생각한다. 어머니는 사흘 동안 제대로 먹지 못하고 기도했다. 어머니의 기도는 땅에 떨어지지 않고 하늘로 올라간다.

"한나가 마음이 괴로워서 여호와께 기도하고 통곡하며 한나가 속으로 말하매 입술만 움직이고 음성은 들리지 아니하므로 엘리는 그가 취한 줄로 생각한지라"(삼상 1:12, 13)

38
간경화 말기 환자를 치유하신 하나님

나는 쉬지 않고 사역했다. 자립이 안 되었지만, 현실 여건에 상관없이 늘 영혼구원에 목이 말랐다. 예수님을 모르는 사람들이 불쌍하게 보였고, 지옥에 떨어지면 안 된다는 생각이 들었기 때문이다. 현실은 가난했지만, 구원의 기쁨이 있었기에 현실에 얽매이지 않고 전도했다. 어떤 이들은 내 간증과 복음을 듣고 예수님을 영접했지만 다른 교회에 다니는 경우도 있었다. 우리 교회에 다니지 않은 것이 조금 섭섭했지만, 실망하지 않고 최선을 다했다. 섭섭한 마음은 사탄이 좋아하니까!

어느 날, 건빵을 붙인 전도지를 나누어주면서 열심히 전도하고 있었다. 그때 키가 크고 광대뼈가 유독 튀어나온 사람이 전도지를 받자마자 "어, 순복음교회네요. 반갑습니다."라고 인사했다. 나는 "순복음교회 맞아요. 교회에 다니세요?"라고 물었다. 그러자 예전에 여의도순복음교회에 잠깐 다녔다고 하면서 조용기 목사님의 설교를 좋아한다고 했다. 그래서 교회에 안 다니고 있으면 우리 교회에 한 번 나오라고 권했다. 그러자 자신이 얼마 살지 못한다고 했다. 어디가 아프냐고 물으니, 얼마 전에 의사가 간경화 말기라고 하면서 몇 달 살지 못할 것이라고 했다고 말했다. 그 후 매일 술 마시며 죽을 날만 기다리고 있다고 했다.

나는 절망하지 말고, 술 마시지 말고, 나와 같이 기도하자고 했다. 한 달 동안 빠지지 않고 새벽기도를 하면 천국에 가든지 치유를 받든지, 둘 중 하나는 될 것이라고 했다. 그랬더니 새벽기도를 하면 정말로 살 수 있냐고 물었다. 나는 단호하게 하나님이 역사하시면 살 수 있다고 했다.

그의 행색이나 몰골을 보니 알코올중독자 같았지만, 단순해 보였다. 하나님이 그를 치료해주실 것으로 생각하고 그 자리에서 기도해주었다. 그러고서 이튿날부터 새벽기도회에 와서 같이 기도하자고 했다.

이튿날 새벽, 역시 예상대로 그는 오지 않았다. 하지만 어느 날부터 나오기 시작하더니 그 후 하루도 빠지지 않고 나왔다. 오히려 내가 늦잠을 자고 있으면 문을 두드려 나를 깨웠다. "전도사님, 일어나세요. 쾅쾅."

이렇게 진행된 새벽기도회에는 하나님의 계획이 있었다. 어느 날은 그에게 안수하니 하나님의 강력한 임재가 있었다. 불이 임한 것처럼 그의 머리와 몸이 뜨거워졌고, 여름이 아닌데도 옷이 땀에 젖어 있었다. 나는 그의 믿음과 절실함이 나보다 크다고 생각했고, 내 믿음이 부족한 것을 질책하며 열심히 기도했다. 한 달이 찰 때까지 새벽기도를 했다. 한 사람의 힘이 나를 움직인 것 같다.

그 후 그가 낮에 나를 찾아와서 할 말이 있는데 놀라지 말라고 했다. 전날 병원에 가서 검사를 받았는데 간경화 수치가 정상으로 돌아왔다고 했다. 믿기지 않았다. 간경화 말기 환자가 정상이 되다니. 그는 의사가 나를 만나고 싶어 한다고 했다. 의사가 교회에 열심히 다니는 집사님인데, 자신이 그동안 새벽기도를 해서 몸이 좋아진 것 같다고 말하자, 의사가 검사해보더니 그의 간이 정상에 가깝게 된 것을 확인했다. 그리고 간경화 말기 상태를 보여주는 진단서와 회복된 상태를 보여주는 진단서를 한 장씩 발급해주면서 많은 사람을 전도하는 데 사용하라고 했다.

나는 그 의사를 만나러 가지 않았다. 내가 치유한 것이 아니기 때문이다. 하나님께 영광을 돌려드렸다. 정말 감사했다. 기도는 성령님의 도우심을 힘입어 내가 하고, 치유는 하나님이 하신다. 그는 지금도 가끔 연락하고, 건강하게 살고 있다.

"내 이름을 경외하는 너희에게는 공의로운 해가 떠올라서
치료하는 광선을 비추리니 너희가 나가서 외양간에서 나온
송아지 같이 뛰리라"(말 4:2)

39
원수도 사랑으로 기도해주라

탕자는 어떻게 아버지의 집으로 돌아온 후 아버지의 사랑을 받으면서 바르게 생활했을까? 나 같으면 탕자처럼 실수하기 싫어서 아버지께 좋은 아들로 살아가려고 노력했을 것이다. 이는 내가 세상에서 심히 방황하고 고통받았기 때문이다. 이 세상에 의지할 것이 없다는 것과 아버지의 사랑을 떠나 고아처럼 사는 인생은 외롭고 어두운 터널을 지나는 것과 같다.

나는 하나님의 은혜로 돌아온 탕자처럼 성령충만한 신앙생활을 다시 시작했고, 첫사랑을 하는 연인처럼 설레었다. 그때 내가 하던 사업을 다른 사람에게 넘겨주고 다시 넘겨받은 특별한 기회가 있었다. 한 푼 없던 나에게 대기업 협력사의 담당 직원이 지인을 소개해주고 투자하도록 했다.

사무실 보증금과 사무 집기 정도를 구매할 소액 투자였기에, 사실 어떠한 지분을 보장하기는 어려웠다. 그는 내가 차

후에 사업을 확장하면 지분을 받는 조건으로 법인에 투자할
계획을 하고 있었다. 그가 소액을 투자했으므로 나는 큰 부담
없이 사무실을 얻어 사업을 시작했다.

　나는 직원을 모집하고 직장예배를 드리면서 회사를 만들어
갔다. 3개월 만에 월급을 받는 내근직 사원과 월급과 수당까
지 받는 외근직 사원이 10명 넘게 입사했다. 월 매출이 5000
만 원이 넘었다. 하루 매출이 일정하게 몇 배로 상승했다. 나
는 회사를 오직 말씀과 기도로 경영했다. 직원들도 한두 명씩
전도하고 교회로 인도했다. 또 월요일마다 직장예배를 드리
고 저녁마다 찬양했다. 밤에는 신학교에 다녔다. 사무실에서
일과를 보면서 잠이 들 때까지 설교영상을 보았다.

　월 매출이 5000만 원이 넘어가고 6000만 원이 되었다. 회
사는 승승장구했고, 여러 기업에서 투자하겠다고 했다. 그러
나 기분 탓인지 늘 마음이 불안했다. 어느 날, 외근 중에 갑
자기 가슴이 답답해졌다. 그러면서 머리가 무거워지고 아프
기 시작했다. 일시적인 고통과 함께 마음이 불안해졌다. 그때
였다. 사무실에서 갑자기 전화가 왔다. 경리직원이 급한 일
이니 들어와야 한다고 말했다. 나는 묻지도 않고 뭔가 있다는

생각에 사무실로 들어갔다. 사무실에 도착하니 투자자가 회사를 자신이 경영해야 하겠다면서 나에게 정리하고 나가라고 했다. 이게 무슨 소리인가? 나에게 나가라니. 나는 실질적인 대표였는데, 알고 보니 사무실 자금을 투자받을 때 형식적인 것이니 계약서에 도장을 찍으라고 해서 믿고 찍었는데 그것이 근로계약서였던 것이다.

근로계약서에 내가 근로자로 되어있기에 그날로 퇴직급여를 줄 테니 손을 떼고 나가라는 것이었다. 그의 말에 어이가 없었다. 그러나 계약서에 근로자로 되어있던 나에게는 경영권이 없었다. 그는 법인을 만들고서 자기 이름을 대표로 올려놓은 후 매출이 늘어나자, 대표 자격으로 회사를 빼앗으려 했던 것이다.

나는 직원들 앞에서 소리를 지르고 뛰쳐 나왔다. 아무 해결책이 없어서 억울했다. 분노가 치밀었다. 계약 사기를 당한 것이다. 그동안 고생하여 만든 회사를 빼앗긴 내가 한심스럽고 절망스러웠다. 기도하려 했지만, 기도가 되지 않았다. 그래서 철야기도회에 갔다. 눈물이 나왔고, 억울했다. 별생각이 다 들었다. 악한 생각도 들었다. 그러나 찬양을 부르기 시작했다. 찬양을 부르는데 걱정하지 말고 오히려 그 사람을 축복하고 기도해주라는 메시지가 마음에 들려왔다.

  그 사기꾼을 위해 기도하라니. 나는 원수 같은 놈이 죽이고 싶을 정도로 미웠지만, 찬양하면서 그를 위해 기도했다. 회사를 빼앗겼지만, 모든 것을 주님께 맡기고 순종했다. 다음날, 나는 그에게 전화를 걸었다. 모든 것을 내려놓고 열쇠를 반납하고 나가겠다고 했다. 그러고서 전날 그를 위해 기도하고 축복했으니 회사를 잘 이끌어달라고 했다. 그는 당황하더니 정말이냐고 물었다. 그리고 퇴직급여는 조금 더 주겠다고 하고서 전화를 끊었다.

  나는 눈물을 폭포수 같이 흘리며 교회로 돌아가 다시 기도했다. 누구에게도 말하고 싶지 않았다. 직원들은 내가 떠나면 다들 나가겠다고 했으나 내가 말렸다. 그들까지 피해를 보면 안 된다고 하고서 교회에 열심히 다니라고 격려해주었다. 그 후 회사는 정확히 6개월 만에 문을 닫았다. 그 사람이 다니던 기업이 부도난 데다 그가 나에게서 빼앗은 회사도 매출이 잘 나오지 않자 직원들이 한둘 그만두고 사원모집도 제대로 되지 않았기 때문이다.

그것보다 큰 이유는, 협력하던 모 대기업이 다른 사람이 회사의 대표가 되자, MOU 체결을 더는 유지할 수 없다고 하면서 계약을 파기했기 때문이다. 그리고 그 대기업은 나에게 연락을 해왔다. 전보다 더 좋은 조건으로 계약하여 회사를 다시 세우길 원한다는 것이었다. 모든 영광을 하나님께 돌려드렸다. 나는 인내로서 순종의 제사를 드렸다. 세상의 방식으로 싸우지 않고 주님의 방식을 택했던 것이다.

"오직 너 하나님의 사람아 이것들을 피하고 의와 경건과 믿음과 사랑과 인내와 온유를 따르며 믿음의 선한 싸움을 싸우라 영생을 취하라 이를 위하여 네가 부르심을 받았고 많은 증인 앞에서 선한 증언을 하였도다"(딤전 6:11,12)

40
기도로 성전을 세우심

　우리는 말씀을 통해 하나님의 능력이 나타난다는 것을 믿는
다. 말은 사람을 죽이기도 하고 살리기도 한다. 특히, 설교자
가 강단에서 말씀을 선포할 때는 기쁨과 소망과 생명력이 있
어야 하고, 누구를 저주하거나 비방해서는 안 된다.

　내가 대전에서 말씀을 선포하자, 놀라운 기적이 일어났다.
나와 동갑인 여자 목사님이 있었는데 그녀는 항상 힘이 넘치
는 사역자였다. 성도는 많지 않았지만, 가족 같은 공동체를
통해 말씀과 기도와 은혜가 충만했다. 그녀는 동네의 양로원
을 찾아 교회에 초청하여 맛있는 음식을 대접하고 예배를 인
도했다. 어르신들이 복음을 받아들이고 예수님을 영접하도록
힘쓰고 헌신했다. 그녀는 지하에 있는 공간을 임대로 얻어 한
달에 한 번씩 초청예배를 드렸지만, 여름 장마 때는 지하 교
육관 바닥이 침수되어 예배를 드릴 수 없었다.

그러던 어느 날, 건물주에게 바닥이 침수되니 수리해달라고 요청했다가 계약이 얼마 남지 않았으니 일주일 안에 비워달라는 말을 들었다. 너무나 갑작스런 주인의 통보에 미처 교회를 옮길 새로운 장소를 알아보기도 전에 교회를 비워줘야 할 처지였다. 할 수 없이 목사님은 4014 금식기도를 선포하고, 매주 사흘 금식하고 나흘 보호식을 하는 14주 금식을 하고 있었다.

그 상황에서 내가 오랜만에 안부를 묻는 전화를 걸었다. 목사님은 그때까지 일어난 일을 나에게 상세히 알려주었다. 교회를 급하게 알아봐야 하니 기도해달라고 나에게 요청했다. 나는 항상 비싼 교회 임대료를 내고 건물주에게 쫓겨나는 안타까운 일들이 일어나니, 이참에 교회 건물을 매입하라고 말했다. 목사님은 교회의 재정이 2000만 원밖에 없으며, 성도들도 몇 안 되는데 어떻게 교회 건물을 매입할 수 있냐고 했다. 그래서 나는 "교회는 하나님이 주셔야 가능합니다. 목사님, 힘내세요."라고 말했다. 그리고 갑자기 생각나는 사람이 있어서 부동산중개업자인 안수 집사님을 소개해줄 테니 그에게 교회 건물 구매하려 한다고 상담을 받아보라고 했다.

나는 금식 중이기에 목사님과 교회를 위해 기도하겠다고 했다. 나는 하나님의 방법으로 교회 건물을 매입할 수 있는 기적을 베풀어 달라고 기도했다. 그리고 며칠이 지나 문자로 연락이 왔다. 내가 소개해준 안수 집사님이 급하게 내놓은 교회 건물이 있다고 해서 그 교회 건물을 구매하려고 기도 중이니 계속 기도해달라고 부탁했다. 나는 하나님이 우리가 알 수 없는 크고 은밀한 일들을 계획하심을 믿고 기도했다.

그렇게 며칠이 지난 후 그녀는 교회 건물을 구매하고 순조롭게 이전했다. 우연 같지만, 그 교회는 내가 대전에 갔을 때 방문했던 교회였다. 수요예배에 방문했을 때 아무도 없는 교회당을 보며 안타까운 마음이 들었던 교회였다. 기적같이 몇 안 되는 성도와 담임 목사님이 함께 대출을 받고 교회를 구매한 것이라고 했다. 기도로 세우는 교회는 하나님의 집이다. 그 집은 영원할 것이며, 예수 그리스도의 말씀을 선포할 것이다. 교회가 그 지역에 빛과 소금의 역할을 잘 감당하기를 축복한다.

"너희가 기도할 때에 무엇이든지 믿고 구하는 것은 다 받으리라 하시니라"(마21:22)

41

현역 1급으로 병역면제

청년시절에 동네 친구들과 어울리다가 어느 날 작은 사고가 일어났다. 한 녀석이 나를 상대로 힘자랑을 했다. 그는 나를 한 손으로 들다가 힘이 달리자 나를 뒤로 떨어뜨렸다. 나는 순간 머리를 다치지 않으려고 손으로 땅을 디뎠다. 다행히 팔은 다치지 않았지만, 어깨가 빠지는 사고가 일어났다. 나는 그때 병원에 가지 않고 그 자리에서 빠진 어깨를 맞췄다. 그 충격으로 어깨가 퉁퉁 부었지만, 파스만 바르고 그냥 넘어갔다. 그때만 해도 우리 집은 식당과 슈퍼마켓을 운영했기에 경제적으로 어렵지 않았다. 하지만 나는 부모님이 장사해서 번 돈을 병원비에 쓰고 싶지 않았다. 그래서 생활하는 데 불편하지 않으면 웬만한 통증은 내색하지 않았다.

그렇게 한두 해가 지났지만, 과격한 운동을 할 때마다 어깨가 빠졌다. 어깨가 빠지면 순간적으로 마비가 와서 생활하는

데 불편했다. 운동을 좋아하는 나는 그런 상태가 정말 싫었다. 그러다가 입대해야 할 나이가 되자, 걱정이 밀려왔다. 혹시나 군대에서 높은 곳에 매달리는 훈련을 하다가 어깨가 다시 빠지면 죽을 수도 있다는 생각에 입대를 1년씩 연기해야 했다.

나는 현역병으로 가는 것을 피하고자 대학병원에서 진단을 받으려고 했다. CT와 MRA를 촬영하여 정밀검사를 받았지만, 어깨가 빠지는 문제는 드러나지 않았다. 의사는 어깨가 빠진 상태에서 촬영하면 확실하게 진단할 수 있다고 했다. 하지만 어깨는 순간적으로 충격받거나 운동을 할 때만 빠졌기에 당장 그렇게 할 수 없는 노릇이었다.

의사는 습관성 탈골이 심하면 군대에 갈 수 없다고 했다. 하지만 습관성 탈골이 진단되지 않자, 병원에서 의사의 소견서를 받았다. 그 후 나는 군입대 신체검사에서 현역 1급을 받았다. 병무청에서 하는 신체검사는 정밀검사가 아니기에 현역 1급으로 논산 훈련소에 들어갔다.

나는 군대에서 고공훈련을 하다가 재수 없이 어깨가 빠져 사고로 죽을 수도 있다는 막연한 생각을 했다. 훈련소에 입소

하자, 훈련소 소장님이 새로 오셨다고 했다. 그러면서 다음날 교회에 나오면 늘 초코파이를 주던 것을 제과점 빵으로 주겠다고 했다. 훈련소에서의 마지막 날인데 제과점 빵을 준다고 해서 많은 병사가 교회에 가겠다고 했다.

나도 모태신앙인이고, 비록 그때는 교회에 다니지 않았지만 한 번 가보려고 했다. 아무래도 절이나 성당보다는 교회가 더 좋겠다는 생각으로 주일 저녁에 교회로 갔다. 마침 그 시간에 부흥회가 열렸다. 찬양하고 기도하는데 많은 병사가 손을 들고 눈물을 흘리면서 부르짖었다. 나는 어린 시절에 어머니를 따라 기도원에 갔다가 사람들이 울면서 기도하는 모습을 처음 보았다. 그런데 다수의 젊은 군인이 울면서 하나님께 부르짖는 것이 아닌가! 나도 가만히 있을 수 없어서 손을 번쩍 들고 기도했다.

"정말 오랜만에 교회에 왔습니다. 저는 훈련하다가 습관성 탈골로 죽을지도 모릅니다. 하나님께서 살아 계시면 제가 면제를 받을 수 있도록 도와주십시오. 군대가 싫어서 그런 것이 아니라 몸 상태가 안 좋아서 그렇습니다. 여기서 사고로 죽을 수는 없습니다."

손을 들고 기도하던 중에 마음이 뜨거워지는 것을 느꼈다.
다시 하나님께 서원기도를 드렸다.

"하나님, 저의 기도를 들어주시면 교회에 빠지지 않고 다
니겠습니다. 군대에서 면제받아 나갈 수 있게 해주세요."

사실 기적이 일어나기 전에는 불가능한 일이었다. 그 시절
에 현역 1급 판정을 받고서 군대를 면제받는 일은 거의 없었
다. 어깨가 갑자기 빠져서 진단을 받거나, 군대에서 어깨가
빠져서 수술받고 회복하여 복귀하면 수년이 걸릴 수도 있는
문제였다. 몸이 불편하다는 이유로 그렇게 세월을 허비할 수
는 없었다. 다음날, 자대배치를 받기 전에 훈련소에서는 병과
가 있는 사람과 진단서를 가지고 있는 사람은 군 병원에서 심
사를 받으라고 했다.

나는 진단서를 가지고 심사를 받으러 갔다. 그런데 나를 심
사한 사람은 나에게 진단서를 써준 의사와 친분이 있는 사람
이었다. 나는 그에게 의사가 내 어깨뼈에 깨진 부분이 있는
것을 확인했다는 것, 습관성 탈골이 확실하다고 말했다는 것,
그러나 특수촬영하기 전에는 병명을 정확히 기록할 수 없었다
는 것을 군의관에게 사실대로 말했다.

그는 어깨의 습관성 탈골은 군면제 대상이고, 자신이 아는 의사가 그렇게 진단했으면 확실하다고 하며 진단서를 가지고 갔다. 그러자 군의병이 "어, 군의관님이 진단서를 가지고 갔으면 4급 면제판정이 확실할 겁니다."라며 귀띔해주었다. 군의관은 의사의 소견만으로도 면제될 수 있다고 최종 심사관들 앞에서 나의 병과를 자세히 설명했다.

울면서 기도했더니, 하나님이 기적 같은 일로 나에게 살아 계심을 보여주셨다. 벌써 20년도 넘는 일이다. 지금은 습관성 어깨 탈골로는 군대를 면제받기 어렵다. 일부러 어깨를 파열하는 사람이 많기 때문이라고 한다.

"여호와 나의 하나님이여 주께서 행하신 기적이 많고 우리를 향하신 주의 생각도 많아 누구도 주와 견줄 수가 없나이다 내가 널리 알려 말하고자 하나 너무 많아 그 수를 셀 수도 없나이다"(시 40:5)

42

기도는 주님과 교제하는 것이며, 영혼의 호흡이다. 우리는 날마다 기도로 승리해야 한다. 나는 목회를 하면서 자주 산에 올라가 기도했으며, 새벽기도를 빠지지 않고 했다. 그래서 기도의 응답이 매우 많다. 어느 날은 아내가 쌀이 없어서 쌀을 사야 한다고 했는데 통장에 돈이 없었다. 성령충만하여 날마다 전도하고 주변 교회들이 전도하는 것을 돕기도 했지만, 쌀을 살 돈까지 바닥나는 상황이 되니 정말 한숨이 나왔다.

기도 외에 할 수 있는 것이 없었다. 금요예배 때에 쌀을 달라고 기도하면, 이상하게 예배가 끝난 후 뒤통수가 간질간질했다. 그래서 뒤를 돌아보면 어김없이 교회 문 앞에 20kg짜리 쌀이 놓여있었다. 정말 감사했다. 나중에 알게 된 일이지만, 이 쌀을 주고 간 곳은 주변의 제법 큰 교회였다. 그 교회는 몇 개월에 한 번씩 승합차에 쌀을 싣고 다니면서 동네에 있는 작은 교회들에 나눠주는 사역을 했다.

하나님은 쌀이 필요하면 쌀을 주셨고, 전도용품이 필요하면 어떤 기관을 통해 전도지를 주셨고, 옷이 필요하면 나눔단체를 통해 양복을 선물 받도록 하셨다. 기도하는 것마다 항상 응답되었다. 목숨을 위하여 무엇을 먹을까 무엇을 마실까, 몸을 위하여 무엇을 입을까 염려하지 말라고 하신 말씀대로 되었다. 그래서 오직 하나님의 영광을 위해 사는 것은 당연했다.

조지 뮬러는 50,000번 기도의 응답을 받았다고 한다. 그가 받은 응답이 엄청나지 않은가? 나는 이런 기도를 왜 할 수 없는 것일까? 도대체 기도를 얼마나 했길래 이런 결과가 나올 수 있었던 것일까? 신학교 때부터 조지 뮬러 목사님의 간증을 들으면 항상 기도하고자 하는 도전을 받았다. 이 책에 일부 다루었지만, 나는 어릴 적부터 기도응답을 많이 받았다. 그런데 그렇게 응답을 받고도 아름다운 열매를 맺지 못한 적도 있다.

어릴 적에 교회에 잠깐 같이 다닌 친구가 있었다. 그는 한강에서 매점을 운영했다. 초등학교 동창들과 나는 20대 초반에 그 친구가 있는 매점으로 자주 놀러 갔다. 그의 한강 매점은 변두리에 있어서 손님들이 찾아오기에 쉽지 않아 장사가 그다지 잘되지 않았다. 그런데도 계속 한강 매점을 운영했다.

어느 날, 나는 친구에게 한강 매점을 왜 변두리에서 하는지, 또 좋은 자리로 옮기려면 많은 권리금이나 보증금을 내야 하는지를 물었다. 그러자 친구는 그런 비용은 들어가지 않는다는 것과 고수부지에서 장사하는 사람들은 몇 년에 한 번 좋은 자리를 추첨받을 수 있다고 했다. 100개가 넘는 매점이 추첨에 참여하는데, 친구의 말로는 좋은 자리를 받는 것은 복권에 당첨되는 것처럼 확률이 거의 없다고 했다.

가장 좋은 자리가 어디인지 물어보니, 친구는 내 예상대로 여의도 주변의 선착장이라고 했다. 선착장 근처의 두 매점이 매출 1위와 2위를 차지하는 자리였다. 친구는 좋은 자리를 받는 것은 하늘의 별 따기처럼 어려워서 10년 동안 한 번도 좋은 자리를 받은 적이 없다고 했다. 나는 그날 술을 좀 많이 마셔서 객기를 부리면서 호언장담하기를 내가 기도하면 여의도 선착장의 최고 인기 매점에서 장사할 수 있을 거라고 했다.

나는 그때 마음으로는 그리스도인이었지만, 실제로는 교회를 안 다니는 가나안 성도였다. 그래서 친구들은 어이가 없다는 표정을 지으면서 비아냥거렸다. 나는 더 열을 내면서 내가 하루도 빠뜨리지 않고 한 달간 기도해서 여의도 매점을 추첨받으면 어떻게 할 거냐고 물었다. 그러자 친구는 만약 추첨에서 여의도로 당첨되면 우리에게 주점에서 100만 원어치 술을 사겠다고 했다.

20여 년 전의 100만 원은 청년들에게 큰돈이었다. 100만 원이라는 소리에 나는 정말로 한 달간 기도하겠다고 선포하고 기다리라고 했다. 마침 한 달 후에 한강 매점을 선정하는 추첨이 있다고 했다. 나는 교만한 마음으로 '하나님은 무조건 내 기도를 응답할 거야. 왜냐하면, 지금까지 한 달간 하나님께 기도한 적이 없었으니, 이번에 한 달간 기도하면 하나님이 감동하시겠지.'라고 생각했다.

친구들은 내가 정말로 날마다 기도할 것을 기대하지 않았다. 왜냐하면, 당시 나는 망나니처럼 살았고 믿음이 없었을 뿐만 아니라, 교회에 다니지 않았기 때문이다. 하지만 나는 실제로 친구의 한강 매점이 여의도로 당첨되게 해달라고 기도했다. 하나님을 떠난 내가 이런 기도를 할 수는 없었는데, 내기하듯 하나님께 기도한 것은 지금도 이해가 안 된다.

그렇게 시간이 흘러 한 달이 지났다. 정말 나는 한 달 동안 기도했다. 그리고 한 달이 지나고 얼마 후 한강의 모든 매점이 자리 선정을 놓고 추첨했는데 친구가 여의도로 선정되었다. 그것도 최고로 좋은 자리에서 두 번째였다. 그리고 그해에 월드컵이 열렸고, 한국 대표팀이 16강에 올라갔다. 수십만 명이 친구의 매점 앞에서 응원했다. 친구는 매점에서 빠져나오지 못할 정도로 엄청난 인파 속에서 장사했다. 매점에 있던 모든 물건이 싹쓸이되었다. 그렇게 수십 번이나 물건이 동났다. 친구는 매점 안의 방에 돈이 쌓여 셀 수도 없었다고 했다. 정말이었다. 한국 대표팀이 16강, 8강, 4강에 차례로 올라가자, 친구의 매점 앞에서 응원은 계속되었다.

친구는 수억을 벌었을 것이다. 하나님이 축복해주신 것인지, 우연인지는 알 수 없다. 그래도 확실한 것은 기도응답을 받아 여의도로 당첨되었다는 것이다. 나는 100만 원어치 술을 마시지는 못했다. 기도는 응답을 주지만, 이 응답에는 열매가 없었다. 하나님의 방법대로 기도할 때는 믿음이 있어서 구했다. 그리고 기도한 열정만큼 응답으로 받았다. 만약 내가 지금처럼 목사나 전도사였으면, 친구는 나의 기도에 감사하여 교회를 한 번이라도 나왔을 것이다. 아니면 주변에 있는 친구들이 '네가 기도하더니, 정말 말한 대로 되었구나.' 하고 하나님께 영광을 돌렸을 것이다.

그냥 객기로 기도한 것이기에 응답을 받고서도 영혼구원의 열매가 없어서 하나님께 영광을 돌려드리지 못했다. 주님 안에 거하지 않은 채로 기도하면 하늘의 열매를 맺지 못하는 것이다.

"내 안에 거하라 나도 너희 안에 거하리라 가지가 포도나무에 붙어 있지 아니하면 스스로 열매를 맺을 수 없음 같이 너희도 내 안에 있지 아니하면 그러하리라"(요 15:4)

43
할머니를 살리는 기도

나는 어릴 적부터 친할머니와 외할머니를 좋아했다. 어린 손주들은 보통 노인 냄새 난다고 할머니들을 멀리하거나 안기는 것을 싫어하는데, 나는 할머니들이 어머니처럼 좋았다. 특히 할머니들이 해주신 음식을 정말 맛있게 먹었다. 방학 때는 집에 있는 것보다 시골에 가는 것이 좋았다. 집에서 벗어나 자유를 누릴 수 있어서 그랬다. 친할머니는 특히 우리 삼 형제를 끔찍이 좋아했다. 나는 둘째 손주로 태어났지만, 아버지가 1대 독자였기에 우리 가문은 아들인 나를 무척 좋아했다.

나는 평산 신씨로 정언공파 37대손이며, 유교를 신봉한 가문이라 늘 제사를 지냈다. 당시 어머니와 막내 고모만 예수님을 믿었고, 친할머니는 불공을 드리러 가끔 사찰에 가는 것 같았다. 잘 모르겠지만, 특별히 염주를 만지거나 불경을 외울 정도는 아니었던 것 같다.

내가 아기였을 때에 할머니가 나를 사찰에 데리고 가면, 나는 우상들을 보는 순간 거품을 물고 경기를 일으켰다. 그래서 할머니는 나를 사찰에 데리고 가지 못했다. 할머니가 사찰에 다닌 것을 빼고는 특별하지 않은 유교 집안이었던 같다.

그런데 신씨 가문의 가족애를 다지던 우리 가족에게 비극이 찾아왔다. 우리를 극진히 좋아하던 할머니가 재산 문제로 아버지를 미워하게 되었다. 고모들까지 개입하여 집 한 채를 나누는 문제로 분쟁이 일어나고 만 것이다. 할머니가 살던 집 상속 문제로 분열하고 점점 격렬히 싸웠고, 결국 남보다 못한 원수가 되고 말았다.

싸우는 어른들을 이해할 수가 없었다. 할머니 집과 우리 집이 서로 싸우면서 고성이 오가도 누구의 편을 들지 않았다. 그래서 싸움의 원인이 된 돈이 싫었다. 이때 내 마음에서 돈 욕심이 떠난 것 같다. 지금도 돈 문제로는 사람들과 다투고 싶지 않다. 돈이 나에게는 가장 큰 원수다. 청년 때부터 사업하여 돈을 벌려고 했지만, 지금은 사업을 하지 않으려는 이유가 돈이 가족을 분열하게 한 최대의 원수이기 때문이다. 세상에서는 물질이 최고이고, 돈이 사람의 주인이 되고 있지만,

돈을 잘 관리하고 잘 쓰는 것은 하나님이 우리에게 주신 특권이다. 하나님나라를 위한 일에는 재정이 필요하다. 물질이 없으면 사역을 하기 어렵기 때문이다.

이렇게 가족이 분열하자, 할머니 집에 갈 수 없었고, 할머니를 보고 싶어도 볼 수 없었다. 그렇게 몇 해가 지난 후 고모들에게서 연락이 왔다. 할머니가 많이 위독해서 병원에 입원했다는 것이다. 몇 해 동안 서로 얼굴을 못 보는 관계가 되었지만, 우리 가족은 할머니가 몹시 아프다는 연락에 병문안을 가게 되었다. 할머니의 병명은 폐암이었다. 할머니가 담배를 워낙 좋아해서 방학이 오면 담배를 사서 갈 정도였는데, 아마도 아들과 남남이 된 상처로 마음고생을 많이 하셨을 것이다. 그렇게 좋아하는 할머니의 외아들과 집 문제로 남남이 되었으니 어떻게 편히 사실 수 있었겠는가.

나는 몇 년 만에 할머니 얼굴을 보았다. 할머니는 수척했고, 금방이라도 돌아가실 것 같았다. 너무 슬펐다. 어른들이 원망스러웠다. 도대체 돈이 뭐라고 혈육도 원수가 되어버리는가? 내가 좋아하는 할머니가 폐암으로 얼마 못 산다는 말을 듣고 병원에서 돌아오는 내내 마음이 무거웠다. 맨정신으로는 울분을 풀 수가 없었다. 그래서 친구들과 술집에서 정신없이 술을 마셨다. 그러나 아무리 마셔도 취하지 않았다. 할머니가 얼마 못 산다고 생각하니 눈물만 나는 것이었다.

술을 마시고 집으로 돌아오는 길에 하늘을 보았다. 유난히 많은 별이 보였다. 바람이 세차게 불고 혹독하게 추웠다. 주말이었던 그날 내가 서 있던 곳은 많은 사람이 지나다니는 거리였다. 할머니가 폐암에 걸려 얼마 못 사신다는 말에 미칠 것 같았다. 그때 갑자기 한 가지 생각이 마음을 사로잡았다. 그래서 하늘을 보며 그 자리에 무릎을 꿇었다. 나는 사람들이 많이 다니는 거리임에도 불구하고 큰소리로 외쳤다.

"하나님, 우리 할머니를 살려주세요. 너무 불쌍합니다. 만약 우리 할머니를 살려주시면 제가 하나님께 잘하겠습니다. 그리고 교회에 열심히 나가겠습니다. 그게 아니면, 지금 데려가지 마시고 2년 만이라도 더 살게 해주세요. 하나님, 부탁드려요."

많은 사람이 나를 주목했다. 나는 영화를 찍는 것처럼 사람들의 시선을 끌었다. 그리고 그들이 증인이라도 된 것처럼 그들 앞에서 하나님께 서원했다. 그들의 시선은 아랑곳하지 않았다. 오히려 그들이 내 말을 들어주라고 큰 소리로 울부짖은 것이었다. 이렇게 하나님의 이름을 부르며 소원을 말해본 적이 없던 것 같다.

문득 20대 초반에 입대했을 때도 어깨가 습관적으로 빠지는 문제 때문에 군대를 면제되게 하시면 교회에 성실히 다니겠다고 한 서원이 생각났다. 그렇게 절실한 기도에 응답해주셔서 기적같이 면제받았다. 그리고 20대 중반에는 직장 생활하다가 척추 디스크로 매우 아팠을 때도 서원기도를 했다. 그때도 "하나님, 허리를 고쳐주세요. 수술을 안 해도 척추를 고쳐주시면 다시는 일요일에 교회를 빠지지 않겠습니다."라고 했다. 눈물과 콧물을 흘리면서 서원기도를 하자, 하나님은 정확히 일주일 후에 심각한 척추 디스크를 기적같이 낫게 하셨다. 나는 위기를 만날 때만 위기를 모면하려고 서원했고, 항상 하나님과의 약속을 지키지 않았다. 나는 정말 하나님 앞에 망나니 같은 쓰레기였다. 약속을 저버리는 배은망덕하고 어리석은 탕자였던 것이다.

하나님이 두 번의 서원기도를 들으셨는데 이 기도도 들어주시려나. 나는 절체절명으로 하나님을 찾았다. 하지만 하나님은 나의 어리석음을 받아주시고 할머니를 2년 더 살게 해주셨다. 하나님은 할머니가 돌아가실 때 즈음 나를 찾아오셨고, 나는 하나님을 인격적으로 만났다. 교회에서 은혜를 받으면서 세상의 모든 때를 벗고 하나님의 자녀로 회복되었다.

나는 할머니가 임종을 앞두고 있을 때 놀라운 이야기를 듣게 되었다. 할머니는 항상 사찰에 다니고 불공했던 분이다. 또한, 장손 며느리인 어머니가 예수님을 믿는 것을 못마땅하게 여기면서 제사 때 우리가 절하지 않은 것까지 싫어했다. 하지만 폐암에 걸리고서 교회에 다니기 시작하셨다는 것이다. 열심히 다니면서 집사님이 되었다. 긴 세월 예수님을 싫어한 할머니가 막내 고모와 함께 교회에 다니면서 예수님을 영접하고 집사님이 된 것은 하나님의 놀라운 은혜와 기적이다. 하나님께 정말 감사했다.

할머니는 결국 돌아가셨다. 할머니가 다니던 교회의 목사님이 발인예배를 드리며 할머니의 생전 모습을 비디오로 보여주었다. 우리 가족은 할머니가 교회에서 운영하는 노인대학을 다니면서 행복해하시던 모습을 보며 눈물을 흘렸다. 할머니는 생전에 유언 같은 말씀을 남겼다. 형제끼리 싸우지 말고, 서로 사랑하고 아끼라는 것이었다. 나는 할머니께서 하나님을 만나 진정으로 행복해하시는 모습을 보고 감사했다. 살기 힘든 시절에 태어나 떡 장사로 5남매를 키우고 인생의 끝에 예수님을 영접하고서 천국에 가셨다. 이것이 구원의 기쁨이다.

"우리가 우리 하나님 앞에서 너희로 말미암아 모든 기쁨으로 기뻐하니 너희를 위하여 능히 어떠한 감사로 하나님께 보답할까"(살전 3:9)

44

청년 때 주일을 매우 바쁘게 보냈다. 청년부에 소속하여 교구 전도실장으로 섬기면서 쉬지 않고 노방전도를 했다. 주변에 있는 작은 교회의 전도에도 참여했다. 사람이 많은 지하철과 한강 고수부지로 가서 복음을 전했다. 노방전도가 끝나면 청년 대예배를 드리고, 곧바로 부모 없는 아이들의 가정을 방문했다.

당시 나는 예수님을 믿고 주의 종으로 훈련받는 과정이었지만, 형편은 나아지지 않았다. 빚이 1억 4천만 원인 신용불량자였다. 사업을 해서 매출도 오르고 수입도 괜찮았지만, 빚때문에 항상 어려웠다. 그래도 믿음이 충만하여 오직 복음을 외쳤다. 복음을 전할 때마다 기사와 표적이 따랐다. 사도행전 같은 일들이 일어났다. 날마다 성령충만했다. 그리고 물질관리를 잘못한 것을 하나님께 회개하고 돌아왔기에 분명히 갚을 수 있도록 도와주실 것 같았다. 나는 지혜롭게 주님의 일을 하고, 주님은 내 일을 해주시고, 내 인생을 책임져주실 것을 확신했다.

나는 하나님의 음성을 듣고 싶었고, 꿈으로나마 뵙고 싶었다. 그만큼 주님을 향한 마음이 간절했다. 영의 세계가 궁금하기도 했고, 또 치유사역자가 되고 싶었다. 그래서 밤에 뒷동산에 올라가 기도를 많이 했다. 영적 체험을 하고 싶었기 때문이다. 하나님이 급하게 은혜를 주시고 날마다 성령충만하게 하셨지만, 내 안에 말씀이 없었다. 그래서 믿음이 기복적으로 흘러갈 수밖에 없었다. 늘 기적과 표적을 원했고, 기적과 표적이 따르지 않으면 마음에 만족이 없었다.

그런 가운데 하나님은 나에게 엄청난 체험을 하게 하셨다. 어느 날, 운영하던 사무실에 한 여대생이 아르바이트하러 왔다. 그녀는 평범한 모습에 성격이 좋고 일을 잘했다. 내가 그녀를 전도하려는 데 자신은 교회에 다니면 안 된다고 했다. 그 이유는 자기 할머니가 우리나라 국보급 무형문화재 무속인이기 때문이라고 했다. 쉽게 말해서 그녀의 할머니가 대무당이라는 것이다. 자기 어머니와 자신은 교회에 다녀본 적이 없

고, 아직 무당은 아니지만 언젠가는 신내림 굿을 해야 한다고
했다.

　나는 그녀에게 귀신이 실제로 그녀 안에 존재하는지를 물어
보았다. 그러자 그녀는 우리가 귀신을 지배할 수는 없다고 했
다. 아마 그것은 자신 안에 귀신이 있다는 것을 의미하는 것인
듯했다. 그래서 나는 직원들이 지켜보는 가운데 "학생 안에 있
는 귀신을 나에게 보내 봐요. 궁금하네요. 나는 하나님을 믿고
성령충만하니 귀신이 나에게 들어와도 아마 못 견디고 금방 나
갈 거예요. 나도 귀신을 체험을 해보고 싶어요."라고 말했다.

　그녀는 견디기 힘들 것이니 안 하는 것이 좋다고 했다. 그
래서 나는 괜찮으니 한번 해보라고 했다. 그러자 그녀는 책임
을 못 진다고 하고서 내 손을 잡고 기도했다. 나에게 눈을 감
으라고 해서 눈을 감고 긴장하며 받아들였다. 어떤 느낌이나
변화는 없었다. 그래서 아마 내가 매일 기도하고 예배를 자주
드리니 귀신이 깨끗한 곳을 싫어해서 들어오지 못하는 것으로
생각했다.
　일을 마치고, 저녁에 수업하러 신학교에 갔다. 그런데 이상
한 기운이 몸에 느껴졌다. 정신은 말짱한데 몸을 움직이기 어

렵고 힘이 없었다. 말로 설명할 수 없는 느낌이었다. 누구에게 말할 상황도 아니었고, 모든 것이 귀찮았다. 낮에 있었던 일이 기억났다. 낮에 했던 행위가 내 몸에 귀신이 들어오도록 했나 보다. 몸이 무척 괴로웠다. 정말 아무것도 하고 싶지 않았다. 그런 느낌은 태어나서 처음이었다.

그래서 내 머리에 스스로 안수하며 명령했다.
"나사렛 예수 그리스도의 이름으로 명하노니, 내 안
 에 들어온 귀신의 영은 떠나갈지어다."
계속 기도했지만, 나아지는 것 같지 않았다. 나는 후회했다.
'내가 교만하여 귀신이 내 안에 들어오도록 허락해서
 귀신이 지금 나를 가지고 노는구나!'
정말 내 몸 같지 않았다. 세상 말로 기분이 더러웠다.

며칠 동안 그 현상이 계속되었다. 그것은 내 힘으로 해결할 수 있는 것이 아니라는 생각이 들어 신학교 동기들에게 사실대로 말하고 도움을 구했다. 두 사람이 내 말을 듣고 좀 놀라면서 나를 도와주겠다고 하며 붙잡고 기도하기 시작했다. 나는 여럿이 계속 기도하면 귀신이 괴로워하며 나갈 것으로 생각하여 그날 완전히 뿌리 뽑으려고 여의도순복음교회 바울성전에 가서 예배드렸다. 바울성전은 밤 10시부터 새벽 4시까지 날마다 철야예배를 드리는 곳이다. 나는 그곳에서 말씀을 듣고 밤새 기도했다. 또 하나님 앞에 회개하면서 잘못을 고백했다. 교만하여 귀신을 받아들인 어리석음을 용서해달라고 하나님께 구하였다.

그렇게 기도를 마치고 새벽에 사무실로 가서 잠을 잤다. 한숨 푹 자고 아침에 일어나니 몸과 마음이 회복한 것을 느꼈다. 나는 그때 귀신보다 하나님의 영이 강하시다는 것을 확실히 체험했다. 그리스도인들이 연합하여 기도하면 귀신의 능력을 능가하게 된다. 이 글을 읽는 독자들은 이런 테스트를 하지 말기를 바란다.

"이같이 여러 날을 하는지라 바울이 심히 괴로워하여 돌이켜 그 귀신에게 이르되 예수 그리스도의 이름으로 내가 네게 명하노니 그에게서 나오라 하니 귀신이 즉시 나오니라"(행 16:18)

45
40일 금식기도의 열매

    우리 교회에 다니던 권사님의 아들이 사경을 헤맬 때 중보해주었던 신학교 선배 목사님은 해외 선교사다. 그는 탄자니아 오지 어촌마을에서 성실히 선교하고 있다. 어느 날, 그가 한국에 왔다고 연락해서 식사 약속을 했다. 나는 비록 목회자 세미나로 바쁜 일정을 보내고 있었지만, 매우 귀한 사역을 하며 도전을 주는 선교사님이기에 즐거운 마음으로 만났다.

    그는 이기범 선교사님이다. 아프리카 선교를 하면서 현지인들을 훈련하여 목회자로 양성하고 있다. 그는 어촌마을의 교회에서 현지 사역자들과 숙식하면서 기도하고 훈련한다. 선교사님들은 교육이나 복지로 사역하는 경우가 많은데, 그는 제자훈련에 목숨을 걸었다. 그와 대화를 나누면 시간 가는 줄 모른다. 오래 교제한 사이는 아니지만, 영적 코드가 맞기에 형님 같은 포근함이 있었다.

그와 만나 식사하던 중 그의 간증을 들었다. 그는 대전 한밭제일교회 이영환 원로 목사님을 탄자니아에서 만나 4014 금식 방법을 가르침 받고서 금식하여 기적을 체험했다고 했다. 그는 자신이 배우고 실행한 4014 금식법을 나에게도 가르쳐주었다. 4014 금식은 13주 동안 하는 금식이다. 매주 사흘을 금식한 후 나흘은 보호식을 하면 39일을 금식하게 되고, 이에 하루금식을 더 하면 총 40일을 하게 된다. 즉, 이 방법은 나누어서 하는 금식법이다.

그는 이 금식법으로 금식하던 중에 체험한 기적을 들려주었다. 그가 사역하는 곳은 원주민의 98%가 이슬람교도로서 점을 치고 제사를 하고 귀신을 숭배하는 마을이다. 그런데 그의 제자들이 한 귀신들린 여인을 데리고 와서 기도해달라고 하자, 금식 중이어서 힘이 없었지만 기도해주었다.

"나사렛 예수의 이름으로 귀신은 떠나갈지어다."

그가 이렇게 선포하자, 숙소 옆에서 퍽 하는 소리가 들렸다. 제자 하나가 밖에 나가보니 어떤 여인이 쓰러져 있었다. 이에 제자들이 힘을 합하여 그녀를 숙소로 데리고 들어왔다. 그녀는 교회에 다니지 않았지만, 교회 옆에 있는 우물에 물길으러 왔다가 갑자기 예수 이름으로 선포하는 소리를 듣고 쓰러진 것이었다. 그녀는 정신을 차린 후 자신이 비몽사몽 간에

본 것을 말했다. 그녀는 귀신들이 서로 교회 안으로 들어가려고 했지만, 불이 교회와 숙소 전체를 둘러싸고 있기 때문에 들어갈 수 없었다고 했다.

이기범 선교사님은 이 말을 듣고 놀라운 하나님의 임재를 느꼈다. 그는 이런 일들을 체험하던 터에 이영환 목사님이 탄자니아에 다녀간 후 설교 초청을 했기 때문에 한국에 오게 되었다고 했다. 그는 금식한 후 하나님이 놀라운 일들을 보여주신다며 나에게 자신처럼 4014 금식을 하라고 했다. 자신도 그동안 온전히 금식한 적이 없었는데 4014 금식을 하니 하나님께서 행하신 놀라운 일들을 체험하게 되었다는 이유였다.

나는 평일에도 세미나를 열어 강의하기에 그렇게 금식하기는 어렵다고 말했다. 부끄럽게도 그때까지 금식을 제대로 해본 적이 없어서 자신이 없었고, 힘이 많이 들 것으로 생각하여 시도하기가 쉽지 않았다. 신학교 때 잠시 금식을 해보았지만, 그것은 학생회 임원으로서 잠시 하다가 힘들어서 중단한 적도 있었다. 이런 내가 금식한다는 것은 어림도 없는 일이었다. 모바일전도 세미나를 하려면 운전하고 다녀야 하므로 체력이 많이 소모되어 할 수가 없었다.

하지만 그는 그동안 카카오스토리로 나의 사역을 계속 지켜보았다고 했다. 또한, 내가 온전한 사역자로 쓰임 받으려면 하나님을 의지해야 하는데, 모바일전도가 자칫 내 사역을 자랑하기 위한 것이 될 수도 있다고 했다. 그러면서 영혼들을 전도하기 위해 모바일전도 세미나에 참석하는 작은 교회 목회자들에게 도움을 줄 강력한 기름 부음이 임하면 위대한 역사가 일어나지 않겠냐고 말했다.

나는 곰곰이 생각했다. 사실 그때까지 세미나를 하면서 말씀을 읽고 기도하고 능력이 임하기를 바랐지만, 잘되지 않았다. 인문학 강사처럼 말을 잘하지만, 능력이 나타난 적은 없다. 하나님의 인도하심으로 귀한 사람들을 만났지만, 내 의지가 많이 들어가서 큰 부흥은 일어나지 않았다. 세미나가 끝나면 목사님들이 은혜받았다고 칭찬했지만, 사실은 빛 좋은 개살구였다. 이것은 내가 더 잘 알고 있었다. 나는 이 시점에 하나님이 그를 만나게 하시고 금식하도록 도전하신 이유가 있다고 믿었다. 놀라운 일을 행하시는 하나님의 방법이 있을 것으로 생각하고 그에게 말했다.

"목사님, 내일부터 금식하겠습니다. 다음 주부터 세미나
　가 시작되지만, 믿음으로 이겨보겠습니다."

나는 그렇게 용기를 내서 금식을 시작했다. 처음 하는 금식이라, 걱정 반 두려움 반이었다. 4개월 동안 사흘 금식을 13번 해야 하는데 이겨낼 수 있을지 걱정이 되었다. 할 수 없이

5000여 명의 친구가 있는 페이스북에 4014 금식을 하려고 하니 생각나면 기도해달라는 글을 게시했다. 많은 사람에게 금식을 선포하여 하나님께 더욱 확고히 약속했다. 금식이 시작되었고, 배고픔의 고통은 말할 수 없이 컸다. 하지만 금식은 하나님과의 약속이었으며, 하나님께 순종하는 것이라는 생각을 했다. 특별한 기도제목이나 소원이 있었던 것은 아니다.

금식은 밥을 먹지 않는 것이기에 대식가인 내가 음식 먹기를 참는 것은 하나님께 순종하는 것이었다. 나는 하나님께 제대로 순종해본 적이 없지만, 사랑받는 아들이었다. 하나님이 기뻐하실 것을 생각하니 감동이 밀려왔다. 나는 다른 사람들이 40일 금식하느라 목숨을 거는 것을 보았지만, 4014 덕분에 40일을 나누어서 하게 되니, 그것이 금식의 지혜라는 생각이 들었다. 어떤 목회자는 4014 금식이 40일 연속 금식보다 더 힘들다고 했다. 하지만 나는 4014 금식이 체질에 잘 맞았다. 사흘 금식이 끝나면 나흘 동안 죽을 먹다가 나중에는 삼겹살까지 먹게 되었다.

정말 기적 같은 것은 내가 금식을 마쳤다는 것이다. 의지력이 약해 일을 쉽게 포기하거나 마무리를 잘 못 하는 것이 내 단점인데, 이번에는 하나님과의 약속을 잘 지켰다. 그리고 언제나 강철 같던 위가 갑자기 더부룩하여 병원에 갈 생각을 하던 차에 금식 후 그 증상이 사라졌다. 금식하면서 치유된 것이다.

2018년 11월, 금식 중 페이스북에서 만화가 최철규 집사님을 알게 되어 사역에 도움을 받으러 찾아갔다. 나는 그에 관하여 잘 알지 못했지만, 이현세 만화가의 수제자라는 점이 좋았다. 나 또한 만화를 매우 좋아하는 사람이었고, 한때 명랑만화가가 되려고 꿈꾸기도 했었다. 꿈을 이루기 위해 문하생으로 들어간 적도 있었지만, 바로 그만두었다. 만화가를 직업으로 삼기에는 성격에 맞지 않았기 때문이다.

그를 만나 대화하던 중 그에 관하여 더 자세히 알게 되었고, 유튜브에 올라온 귀한 간증도 보았다. 살아 계신 하나님을 만난 사람이라 나와 잘 맞을 것 같았다. 나는 그가 실화를 토대로 그린 만화를 인터넷에서 프린트하여 자세히 보았다. 그러고서 전도를 잘하는 초등학교 1학년 딸에게 보여주자, "아빠, 이 만화 은혜 있어!"라고 말했다. 그래서 나는 "그래? 그럼 아빠가 이 만화를 책으로 만들어주면 학교에 가서 아이들에게 전도할 수 있겠니?"라고 물었다. 딸은 그렇게 하겠다고 했다.

나는 딸과 대화를 끝내고 바로 최 작가에게 전화를 걸었다. 인터넷에 올린 간증만화를 책으로 만들자고 제안했다. 이 만화를 책으로 만들면 많은 영혼을 전도할 수 있을 거라고 했다. 최 작가는 기도해보겠다고 했다. 그 후 나는 그에게 다시 전화를 걸어 비매품으로 만들어서 누구나 구매할 수 있도록 저렴하게 팔면 얼마나 좋겠냐며 무엇보다 하나님이 기뻐하실 것이라고 했다. 만약 최 작가가 하나님을 진정으로 만난 사람이라면 내 제안을 받아들일 것으로 생각했다. 그리고 마지막으로 한마디를 더했다.

"집사님, 제가 40일 금식기도가 어제 끝났는데 그 금식기도의 응답이 이것 같아요. 하나님의 계획일 겁니다."
최 작가의 간증만화 『작은 나의 고백』은 이렇게 출판되었고, 많은 사람이 읽게 되었다.

"우리가 알거니와 하나님을 사랑하는 자 곧 그의 뜻대로 부르심을 입은 자들에게는 모든 것이 합력하여 선을 이루느니라"(롬 8:28)

PART 4

사랑의 능력으로
살아계심

46
우울증 걸린 성도의 자해사건

목회한 기간은 3년이었지만, 할 이야기가 아주 많다. 하물며 목회를 10년, 20년, 30년 한 목회자들의 헌신과 섬김을 통해 일어난 하나님의 역사는 얼마나 많겠는가? 봉사와 나눔과 헌신의 이야기들이 네이버 블로그와 소셜네트워크에서 검색되어 세상 사람들에게 10%만이라도 노출된다면 얼마나 좋을까? 그러면 교회를 욕하는 일이 줄어들면서 그들이 자연스럽게 교회로 올 것이다.

포털사이트에는 교회매매가 가장 많이 검색되고, 각종 뉴스매체는 목사들의 부도덕한 사건들과 비리들만 보도하니 안타깝다

목회하던 시절의 어느 밤이었다. 그날은 비가 억수같이 내렸다. 당시 아내는 아기를 낳아서 어머니 집에서 몸조리하고 있었다. 나는 혼자서 밥 먹고 빨래하며 사역했다. 그런데 갑자기 "전도사님, 살려주세요!"라는 소리와 함께 누군가가 문

을 두드렸다. 내가 바로 문을 열자, 전도 받아 교회에 나오던 아주머니가 서 있었다. 그녀는 심한 우울증을 앓고 있었다.

그런데 그녀의 손목에서 피가 흐르고 있었다. 자해한 것 같 았다. 그녀는 손목을 잡고 나에게 살려달라고 했다.

"저런!"

나는 당황했다. 이런 일은 처음이었다. 그 순간 교회에 다 니는 사람이 손목을 그어서 피를 많이 흘려 생명을 잃을까 봐 아찔했다. 많은 생각이 교차했다. 손목에서 피가 계속 흘러나 왔다. 바로 119에 신고했다. 119 상황실에서 별일 아니라는 듯이 "아, 그 여자분이세요? 또 그러셨군요. 선생님, 그분 자 주 그래요. 지금 어디에 계시나요?"라고 했다.

그가 대수로운 일이 아니라고 말했지만, 나는 그래도 잘못 될지 모르니 빨리 와 달라고 부탁했다. 119 구급대원들은 그 녀를 다 알고 있었다. 매주 신고가 들어오기 때문이다. 술만 마시면, 우울증으로 인해 면도칼로 손목을 긋고서 119에 전 화한다는 것이다. 또한, 그녀는 술에 취해서 자신이 무슨 짓 을 했는지 몰랐다. 얼마나 자주 자해했는지 손목이 칼집을 낸 생선처럼 흉측했다. 나는 이런 일을 처음 겪다 보니 엄청나게 놀랐다. 그날 그녀는 면도칼로 손목을 긋고서 교회가 생각나 자, 교회에 온 것이었다. 내가 교회에 없었으면, 그녀는 어떻게 되었을까? 밤이라 주변에 사람이 없었는데.

결국, 119 구급대원들이 왔다. 그녀는 비가 오면 술을 마시고 상습적으로 자해해서 일주일에 한 번은 출동하므로 힘들다고 했다. 그러고서 그들은 그녀가 그런 짓을 안 하도록 교회에서 잘 보살펴 달라고 했다. 나는 그녀와 함께 구급차에 타고 병원에 갔다. 동네에 새로 생긴 병원에 갔는데, 의사는 그녀가 피를 너무 흘려서 피가 필요하다고 했다. 내가 헌혈해야 하는 것이 아닌지 물으니, 의사는 피를 구매하면 된다고 했다. 보호자인 나에게 결제해야 한다고 해서, 그렇지 않아도 그날 어머니가 쌀 사라고 보내주신 10만 원으로 피를 구매하고 치료받도록 했다.

작은 교회에는 사건사고가 끊이지 않았다. 성도를 늘 보호해야 했고, 함께 울고 웃어야 했다. 하지만 하나님께 늘 감사했다. 사건사고가 일어나도 잘 해결되었다. 물질이 부족한 것 같아도, 하나님은 부족함이 없는 환경을 만들어주셨다.

"하나님이 능히 모든 은혜를 너희에게 넘치게 하시나니 이는 너희로 모든 일에 항상 모든 것이 넉넉하여 모든 착한 일을 넘치게 하게 하려 하심이라"(고후 9:8)

47
한 영혼을 위한 주님의 사랑

지하에 교회를 개척하고서 6개월 만에 상가 3층을 얻어 이
전하게 되었다. 간신히 보증금을 만들어 교회당을 얻고서 칸
막이 공사를 하여 방을 두 칸 만들고 그곳에서 살았다. 태어
나서 그런 경험을 해보지 않았지만, 주님의 일을 하기 위한
것이라 감사했다.

1년이 지나 아내가 임신했다. 그때는 여름이어서 아내가 수
박이 먹고 싶다고 했다. 수박을 먹고 싶다고 하니, 부평시장
에 가봐야 할 것 같았다. 그 시각은 밤이라 캄캄했다. 시장이
문 닫기 전에 마을버스를 타고 급히 다녀와야 했다. 아파트
근처에 정류장이 있어서 아파트에 들어서는데 비가 억수같이
내렸다. 뭔가 까만 물체가 있어 가까이 가서 보니 사람이었
다. 술에 취해서 길바닥에 누워있는 것 같아 시간 때문에 그
냥 가려고 했다. 그러나 성경 속 유대인이 생각났다. 강도 만

난 유대인이 죽어갈 때 선한 사마리아인이 지나치지 않고 그를 보살피고 치료해주었다.

'비가 억수같이 오는 데 아내를 위해 수박을 사러 시장에 간들 그것이 무슨 유익인가! 저 사람이 술에 취해 쓰러져 비를 맞고 있다. 못 본 척하고 지나가면, 강도 만난 유대인을 외면한 제사장이나 레위인과 다를 게 무엇인가?'

용기를 내서 그가 누운 곳으로 갔다. 노숙인처럼 냄새가 심하게 났지만, 의식은 있었다. 집이 어디인지 물어보았다. 그는 자신이 사는 현대아파트의 동과 호를 말해주었다. 그래서 나는 그를 업고 그곳으로 갔다. 비싼 집에 살면서 노숙자 같은 행색을 하는 것을 이해할 수 없었다. 그를 업고 그의 집을 찾아가자, 그의 아내가 나오더니 감사의 인사를 하고 방에 눕혀 달라고 해서 방에 눕혀주었다. 너무 힘들어 허리가 끊어지는 줄 알았다.

그의 아내의 말을 대충 들어보니, 그는 알코올중독자로 병원에서 나온 지 얼마 안 되었다. 자녀들은 아버지를 보더니 방에서 나오지 않았다. 내가 봐도 그날 큰일 날 뻔했다. 하나님은 햇병아리 전도사에게 또 다른 특수 사역을 하게 하셨다. 그 후로 그는 우리 교회에 찾아와서 예배드렸고, 매일 술 마시고 와서 상담해달라고 하며 1년간 괴롭혔다.

그는 동네방네 다니면서 나를 칭찬했다. 우리 전도사님이 최고라고 했다. 그는 알코올중독에서 벗어나고 싶어 했고, 그의 아내는 친척들과 의논하여 그를 다시 입원하게 했다. 나는 하나님의 계획을 알 수 없었고, 그를 만나 정말 힘든 시간을 보냈다. 하지만 하나님은 내가 그를 위해 기도하도록 하셨고, 예수님을 증거하도록 하셨다. 그리고 그의 가정에도 예수님의 사랑을 보여주었다. 물론 그 가정은 알코올중독자 남편과 아버지 때문에 상처가 깊었지만, 언젠가는 주님을 만날 수 있을 것이다.

"네 생각에는 이 세 사람 중에 누가 강도 만난 자의 이웃이 되겠느냐 이르되 자비를 베푼 자니이다 예수께서 이르시되 가서 너도 이와 같이 하라 하시니라"(눅 10:36,37)

48
5000만 원의 사랑의 모금

나는 모바일전도 세미나를 하면서 많은 목회자에게 모바일로 모금하는 방법을 가르쳐준다. 모금 방법 중에는 미션펀드라는 플랫폼(platform)을 사용하는 것이 있다. 미션펀드는 많은 선교사와 단체가 모바일로 모금하도록 돕는 시스템이다. 스마트폰에서 앱을 내려받아 사용할 수 있게 되어있으며, 현재는 서비스비용이 없다. 5000여 단체가 사용할 정도로 인기가 많다. 그리고 지금은 소셜네트워크가 가능하기에 과거와는 달리 많은 사람에게 홍보할 수 있다.

어느 날, 대전에서 사역을 마치고 서울로 올라오던 중에 어떤 지인에게서 전화가 왔다. 그는 자신이 아는 선교사님을 돕고 싶다며 미션펀드를 제작해달라고 부탁했다. 그 선교사님은 그때 신장이식이 필요할 정도로 위중하여 중국에서 선교하다가 서울로 왔다고 했다. 그러면서 수술비 1억 원이 필요하니 나에게 도와달라고 한 것이었다. 사실 미션펀드는 누구나 쉽게 제작할 수 있도록 만들어진 플랫폼이라 정보와 사진을 입력하면 완성되기에 굳이 나에게 부탁할 필요는 없었다.

그는 진정성과 감동을 줄 수 있는 사연을 작성해 놓았으니 미션펀드에 올려주기만 해달라고 했다. 사실 이것은 나에게 사역이라고 할 수 없는 일이었다. 한마디로 귀찮은 일이었다는 것이다. 그래서 나는 이 일에 엮이는 것을 피하려고 기도해본 후 결정하겠다고 했다. 많은 사람이 인터넷으로 홍보하는 일을 나에게 도와달라고 요청했지만, 이것이 복음전파와 관련이 없다고 생각했기 때문이다.

기차 안에서 조금 더 잠을 자려고 하는데 하나님이 당장 제작해주라는 마음을 주셨다. 나의 성격은 항상 지지부진하여 제작해준다고 하고서도 늦게 제작해주는 일이 많았다. 그런데 지금 제작해주라는 감동은 하나님이 이끄시는 일이라는 생각을 하도록 했다. 그래서 별일도 아닌 미션펀드를 신속히 제작하고 홍보를 돕고 금전적으로도 후원했다. 사실 1억 원이라는 금액은 아주 컸기에 실제로 모금될지는 미지수였다.

많은 곳에 홍보하자, 많은 사람이 도와주었다. 두 달 정도가 지나자, 모금액은 5000만 원이 되었다. 엄청난 일이 일어난 것이다. 그 선교사님은 특별히 잘 알려지지는 않았지만, 많은 사람이 미션펀드에 참여하여 헌금을 보낸 것이다. 그리고 그가 소속한 교단에서도 도움을 주어 총 1억 원이 되었다. 그는 무사히 신장이식 수술을 받을 수 있었다.

무명의 선교사님을 돕는 것은 선교에 동참하는 것이다. 지금은 경기가 어려운 때지만, 주님의 사역자들을 물질로 후원하고, 가난하고 아픈 사역자들을 주님의 마음으로 돕는 것도 사역이다. 로마서 8장 28절 말씀처럼 합력하여 선을 이루는 것은 하나님의 약속이다.

어떤 뉴스기사를 읽어보니, 길고양이가 병들자 사람들이 불쌍히 여겨 모금한 돈이 무려 2000만 원이라고 한다. 이 시대의 반려동물은 사람들에게 가족의 구성원처럼 대우받는다. 세상 사람들은 고양이가 병들어도 2000만 원이나 도와주는데, 영혼들을 살리는 교회는 그들보다 더 큰 확신을 가져야하지 않겠는가! 모든 목회자는 하나님의 청지기다. 교회는 재정적으로 어려워도 세상의 빛과 소금의 역할을 감당할 수 있다.

주님의 일은 순종으로 결정된다. 순종하면, 성령님께서 도와주신다는 것을 믿고 기도하기를 소망한다.

"너희의 순종함이 모든 사람에게 들리는지라 그러므로 내가 너희로 말미암아 기뻐하노니 너희가 선한 데 지혜롭고 악한 데 미련하기를 원하노라"(롬 16:19)

49
하나님의 통로

마지막 이야기를 쓰려고 한다. 지금까지 아주 많은 이야기를 했지만, 하나님의 계획과 인도는 하나님의 살아계심에 관한 부인할 수 없는 증거다. 예전에 나는 잘나고 똑똑하면 세상에서도 모든 것이 잘되는 줄 알았다. 하지만 세상은 냉정하다. 10원짜리 하나 주고받는 것도 목적과 이유가 있다. 하지만 이 땅은 하나님의 작은 나라다. 믿는 자들이 밟고 있는 하나님의 나라는 은혜로 사는 것이다. 사랑을 받고 나누는 작은 천국이다.

나는 10년 넘게 사업했지만, 일이 잘 안 되면 답답했다. 어쩔 수 없는 현실 속에 포기하고 싶을 때가 많았다. 하지만 하나님나라는 포기가 아니라 은혜로 흘러간다.

하나님은 우리가 영광과 감사를 올려드릴 수 있는 것이라면, 사람들을 통로로 사용하신다는 것과 모든 일을 미리 계획하신다는 것을 알게 하셨다. 그래서 나는 하나님의 살아계심을 느끼며 살고 있다.

　이것은 정말 은혜의 일이다. 나는 사도적이고 복음적인 사역을 하고 있지만, 이것은 지극히 작은 일이다. 하지만 알려지지 않은 시골의 작은 교회들도 최선을 다해 섬길 때 하나님의 은혜를 경험할 수 있었다.

　내가 사람들을 만날 때마다 하나님은 그들의 어려운 상황을 알게 하셨고, 도움이 필요한 사람들이 있으면 그들을 돕도록 하셨다. 그리고 내가 그들을 도울 때 무엇이든지 이루어주셨다. 또한, 하나님은 사람들을 분별하게 하셨다. 나는 누구든지 도우려 하는 성격이 있지만, 하나님은 아무나 만나게 하시지는 않았다. 오히려 내가 필요하지 않은 일에 참여하게 하셨고, 신실하게 돕도록 하셨다. 나는 내가 노력해서 하나님이 기회를 주시는 것으로 생각하지는 않는다. 그것은 그리스도의 사랑을 귀하게 여기는 자에게 주시는 특권이다. 나는 내가 많은 일에 쓰임 받는 것이 정말 기쁘고 행복하다.
　내가 초등학교 시절에 부모님을 여읜 장애인 친구가 있었다. 나는 그 친구에게 용기를 주기 위해서 다른 친구들과 모금함을 만들어 불우이웃돕기 모금을 하러 다녔다. 돌아다니면서 모금하는 것은 처음이어서 힘들었지만, 최선을 다했다. 그러던 중 지하철에서 모금하다가 역무원에게 걸려서 역무실로 끌려갔다. 역무원은 우리가 모금하는 이유를 말하라고 했고, 지하철에서 모금하는 것은 불법이라고 했다. 그는 또 여러 가지로 우리에게 겁을 주었고, 결국 학교에 이 사실을 통보했다. 그런데 놀랍게도, 지하철에서 여럿이 모금함을 들고 돌아다닌 것을 알게 된 학교의 모든 구성원이 그 친구를 위해 모금해주었다. 그 후 친구는 보육원으로 갔다. 나는 그 친구가 좋은 곳에서 살면서 밥도 잘 먹고 공부도 마음껏 하기를 바랐다.

또 얼마 전에는 어떤 교회에 불이 났다는 소식을 접했다. 그래서 인터넷에 모금 페이지를 제작하여 후원받도록 하고 한 카카오톡 단톡방에 자주 홍보했다. 그러자 어떤 목사님이 기독교방송국의 후원 프로그램에 소개했으니 더는 홍보하지 않아도 된다는 문자 메시지를 보내왔다. 그 교회는 당시 불이 크게 나서 교회가 전소됐는데, 결국 방송을 본 많은 사람의 후원을 받아 교회를 재건했다고 한다.

또, 나는 어떤 선교회 대표의 소개로 중국국적의 탈북민 청소년들을 위해 운영하는 대안학교를 알게 되었다. 이 대안학교의 교장은 집사님이다. 그는 예수님을 믿는 탈북민 출신이다. 내가 아는 목사님에게 이 학교의 열악함과 재정 문제를 이야기했고, 그의 도움으로 순조롭게 방송에서 소개되었다. 하나님의 계획은 사람의 머리로 전부 이해할 수 없다. 우리는 그저 통로로 사용될 뿐이다.

"너는 반드시 그에게 줄 것이요, 줄 때에는 아끼는 마음을 품지 말 것이니라 이로 말미암아 네 하나님 여호와께서 네가 하는 모든 일과 네 손이 닿는 모든 일에 네게 복을 주시리라"(신 15:10)

글을 마치며

　지금까지 많은 이야기로 하나님의 살아계심을 간증했다. 이 책은 전도용 도서로 제작하려고 한다. 많은 그리스도인이 하나님을 만나지 못하고 있다. 예수님은 이 땅에 오셔서 말씀하시고 치유하시고 사랑하셨다. 예수님은 진리로 오신 분이다.

　예수님의 말씀을 배우고, 복음을 전하고, 병든 사람들을 치유하는 것이 제자의 삶이다. 우리는 더는 연약한 존재가 아니다. 우리는 이 땅에서 복음의 통로로 쓰임 받아야 한다. 예수 그리스도의 군사로 하나님나라를 확장하는 일에 쓰임 받아야 한다.

　예수님은 우리를 위해 죽으시고 부활하시므로 이 땅에서의 사역을 완성하셨다. 예수님의 사역은 우리에게 전해져서 우리가 그리스도인의 삶을 살게 한다. 우리는 예수님을 믿지 않는 사람들에게 복음을 전하여 그들이 하나님의 자녀가 되도록 해야 한다. 영혼을 살리는 일은 생을 마감하는 날까지 계속되어야 한다. 이는 우리를 본향으로 인도하시고 길을 내주시고 문을 열어 주시는 주님을 만나야 하기 때문이다. 아멘.

50번째 이야기 : 독자 공모전

"살아계심"을 읽고 난 독자분을 대상으로 간증수기
를 이메일로 받습니다 간증의 내용은 하나님께 영광
이 될 수 있는 간증이면 됩니다.

 내용 기준은 (12포인트로 A4 2장이내) 보내주시면
모든 분에게는 100명 선착순 "작은나의고백" (최철규
간증 만화책 1권) 을 선물로 보내드립니다.

보내주신 분들 중에 가장 은혜가 되는 1등 수기는 2
쇄에서 50번째 이야기로 수록이 되며 소정의 원고료
와 최철규 만화가의 친필 사인본 천로역정3권 1셋트
(정가 50,000원)를 선물로 드립니다.

 원고 보내주실 이메일 : shk21shk21@naver.com

살아계심

초판 1쇄 발행   2020년 4월 10일

지은이   신바울
발행인   신현기
디자인   이영이

표지그림   최철규
편집인   임은묵
펴낸곳   실루아노
주 관   한국IT선교회

출판등록 제 2020-000013호

주 소 서울시 양천구 가로공원로60길 5 1층
전화번호 0507-1323-0691   홈페이지 https://silvanus.modoo.at

선교회 후원계좌 우리은행 1005-003-860862(예금명:한국아이티선교회)
이 책은 전도용으로 미자립교회 및 교도소, 군부대에 보냅니다.

ISBN 979-11-970154-0-3